法律专家为民说法系列丛书

法律专家
教您如何维护少年儿童权益

都先维　高广权　王玉章 编著

吉林文史出版社

图书在版编目（CIP）数据

法律专家教您如何维护少年儿童权益／都先维，高广权，

王玉章编著. — 长春：吉林文史出版社，2015.3（2018.1 重印）

（法律专家为民说法系列丛书／张宏伟，吴晓明主编）

ISBN 978-7-5472-2735-0

Ⅰ.①法… Ⅱ.①都… ②高… ③王… Ⅲ.①保护妇
女儿童利益 – 案例 – 中国 Ⅳ.① D923.85

中国版本图书馆 CIP 数据核字（2015）第 043913 号

丛 书 名　法律专家为民说法系列丛书

书　　名　**法律专家教您如何维护少年儿童权益**

编　　著　都先维　高广权　王玉章

责任编辑　李相梅

责任校对　宋茜茜

封面设计　清　风

美术编辑　李丽薇

出版发行　吉林文史出版社

地　　址　长春市人民大街 4646 号　邮编：130021

网　　址　www.jlws.com.cn

印　　刷　北京一鑫印务有限责任公司

开　　本　720mm×1000mm　1/16

印　　张　12

字　　数　100 千

版　　次　2018 年 1 月第 4 次印刷

书　　号　ISBN 978-7-5472-2735-0

定　　价　29.80 元

法律专家为民说法系列丛书

编委会

主　编：

张宏伟　　吴晓明

副主编：

马宏霞　　孙志彤

编　委：

迟　哲	赵　溪	刘　放	郝　义
迟海英	万　菲	秦小佳	王　伟
于秀生	李丽薇	张　萌	胡金明
金　昊	宋英梅	张海洋	韩　丹
刘思研	邢海霞	徐　欣	侯婧文
胡　楠	李春兰	李俊焘	刘　岩
刘　洋	高金凤	蒋琳琳	边德明

PREFACE

【前言】

或许,您送走了上学的孩子,整理他的书桌时,不经意碰到孩子从学校带回来的这样一本书;

或许,您坐在公交车上,心里想着晚上做什么饭时,眼波流转间瞥见同车人正在读着这样一本书;

又或许,您在饭后陪父母散步时,同小区的老人一手拿着放大镜,一手向你们打招呼时,扬起了这样一本书。

翻开扉页,您看到的可能不是纳兰的悠悠吟唱,也不是岳飞的铁血征程,但的确是应假以时日来品评玩味的事实,更是呵护与辅助孩子学习自立及自我保护,以期顺利成长的佳作。知法、守法、用法、扬法,既是成人所需,更是少年必修。

对"法治"的追求,在中国由来已久。以韩非子为代表的法家主张以法治国,且提出了一整套的理论与方法,亦为秦建立中央集权提供了有效理论依据,之后的汉朝继承了秦朝的集权体制以及法律体制,进而形成我国古代封建社会的政治与法制主体,延续千年。"以法治军"的秦国军队战斗力异常强大,所向披靡。"法治"让秦国走向强大,灭六国统一中国,完成千秋霸业。"法治"曾经何等荣耀!

然而随着社会的发展和进步,没有增强人们的法制观念,而名利的追逐,却淡化了人们的法律意识。本当期望学校教育可履行培育法治意识之职责,使学生自小接受法治意识熏陶。然则现状颇令人忧虑!学校课程设置的缺失,为师者法律意识的淡漠,学生对法律的无知,酿成诸多校园悲剧。或是未成年人犯罪,或是以未成年人为受害对象的犯罪。无论侵害者、预备侵害者,俱是未能知法抑或不能用法以自保者,着实令人扼腕叹息!

上苍未错爱,幸得有心人!思维领域先行者高屋建瓴,本书精心甄选了百余例经典普法个案,以供读者共寻用法——自我保护,扬法——和谐社会之捷径。

目 录
CONTENTS

1.加强安全教导避免意外伤害

案例：

　　某日上学期间，朱某在无人管理的情况下，在学校操场的体育器械上玩耍不慎摔下，造成左大腿骨三分之一处骨折。后朱某被送往医院治疗，住院 17 天。之后朱某再次住院 18 天，出院后一直由母亲照顾，其母为此停止工作。原告朱某家人提出因这次伤害事故在校园内发生，学校未能履行对学生的管理保护义务，对此有过错，且未对低龄学生建立相应的管理保护制度，应承担赔偿责任。故起诉要求，被告赔偿原告医疗费 7582 元，赔偿原告监护人误工费 5000 元，赔偿护理费 4500 元及营养费 1000 元。被告某小学辩称，原告所述与事实不符。原告受伤是在下课后自由活动时间内，在滑梯底层支架上攀爬，不慎摔下，并非在教师指导的教学活动中受伤，另外校方也及时将原告送往附近医院治疗，最大限度地履行了管理和保护的职责。且学校在教育教学和学生日常活动中，始终把学生安全放在首位，不仅制定了学生安全方面的管理制度，并设有学校安全机构和学生安全监督岗，教室有安全公约，活动器具有警示标志，体育器械无安全隐患，总之在此次伤害事件中学校无过错，工作无失误，故不同意原告诉讼请求。另原告通过被告在保险公司已获赔大部分医疗费，原告实际支出不足千元。经审理查明，原告朱某于某日下午第一节课课间休息时，在学校操场上的滑滑梯上玩耍，当时骑跨在滑梯支架的最底层不慎摔下，当时无法行动。该校老师随即将其送往某医院门诊部治疗，并及时通知其监护人，初诊为左股骨中上三分之一处骨折，建议转院处理。后原告母亲赶到，并随同老师将其送往市医院住院治疗，先后两次住院，合计医疗费11231元，保险公司先后赔付9925元。此后双方对此次事故责任及赔偿问题协商未果，原告提起诉讼。

专家解析：

　　未成年学生的父母、祖父母等家长是未成年学生的法定监护人。学校与未成年人之间为教育、管理、保护的关系，在未成年人进入学校后，学校应履行保护学生人身安全的义务。本案朱某课后自由活动时间内，在有警示标志而无安全隐患的体育器械上以不合规范的方式进行玩耍而不慎摔落致伤，对此后果学校不能预见和避免，且被告方在日常对学生的教育和管理过程中，通过各种形式对学生进行安全教育，并设有安全机构和监督岗以防意外发生，故原告的损害后果与学校的管理行为之间无因果关系。原告方亦无有利证据证明被告对此伤害事件有过错，且在事件发生后被告方及时将原告送往医院救治，避免了损失的扩大，尽到了教育、管理、保护的义务，因此，原告起诉要求赔偿，无法律及事实依据，依法不予支持。依照《中华人民共和国民法通则》第一百零七条的规定,法院判决如下:驳回原告朱某要求被告某学校赔偿各项损失的诉讼请求,诉讼费733元由原告承担。

◤ 2.足球赛中误伤由谁负责

案例:

在某中学组织的一场足球赛中,足球直飞球门,守门员李某扑上前抱球倒地,但被随后赶到的对方前锋张某补射的一脚踢中腹部,导致"腹部损伤、脾破裂、失血性休克"。经有关部门鉴定,李某为7级伤残。李某家长要求学校及张某支付9万元伤残补助费,协商未果,李某告到法院讨说法。法院作出调解,学校与张某的家长赔偿李某医疗费及伤残补助共计8.6万元。

专家解析:

学生在体育活动中受到伤害的情况很多,体育竞赛中,许多活动又是具有对抗性和风险性的。对于在对抗性与风险性的体育活动中,导致学生受到伤害的情况,如果其中的当事人不存在主观上的过错,就属于意外事故。在这种情况下,当事人不应因为自己正当的体育活动行为而承担赔偿责任。但根据《民法通则》第一百三十二条的规定

"当事人对造成损害都没有过错的,可以根据实际情况,由当事人分担民事责任。"在意外事故中并不排斥依照公平原则来分担责任和进行一定的补偿。李某、张某是初三学生,为限制民事行为能力人。二人在校学习、生活期间,学校负有一定监护职责。学校组织足球比赛,在制订比赛规则并要求学生遵守时,还应预见比赛中可能发生队员受伤情况,学校虽然采取了措施尽力避免意外,但若出现意外,推定学校有过错。张某在比赛中应该预料到守门员抱住足球后,仍然起脚去踢球可能踢伤守门员,张某在主观上有过错,在客观上造成了对李某的伤害,应当承担责任。

3.一方意外三方承担责任

案例:

王某和孟某均系高一学生,某日上体育课打篮球时,孟某转身投篮时不慎将王某右眼撞伤,法医鉴定为十级伤残,王某花费各种费用 5688 元,王某的父母找孟某的家长索赔未果,于是将加害人诉上法庭,要求其承担赔偿责任。

专家解析:

体育伤害没有明确的法规,依据《民法通则》,民事责任的构成有四个要件:违法行为、损害事实、因果关系和主观过错,四个要件同时具备,当事人才要承担民事责任。王某在打篮球时右眼被撞伤,并不是孟某的故意或过失造成,也不是学校疏于组织管理所致,中学、教师和孟某对王某的伤害都没有责任。《民法通则》第一百三十二条规定:"当事人对造成损害均没有过错的,可以根据实际情况,由当事人分担民事责任。"这是公平原则的具体体现。在民事活动中,加害人虽无过错,但其行为与受害人的损害却有一定的联系,故适当分担损害是合理的。学校作为临时监护人,对王某的伤害也负有一定的责任。因此,法院追加学校为被告,进行调解,由三方分担了原告的损失。

4.学生管理学生出了问题学校该负责

案例:

某日上午第四节课,某小学一年级(1)班学生在没有教师在场的情况下做作业。教师在上课前曾到教室给该班学生布置作业,并让各小组组长维持纪律。7岁的陈某在写作业时,多次与同桌说话。陈某所在小组组长郭某(7岁)便拿起课本击打陈某的头部数下,致使陈某当场昏倒在地。事故发生后,学校立即派人把陈某送往医院,经诊断为癫痫病(击打行为系诱发因素)。陈某住院45天,其间花去医疗费、住宿费、交通费等各项费用共计7600元。后因赔偿问题未达成协议,陈某将学校和郭某及监护人诉至法院。

专家解析:

学校应对教师疏于管理、安排未成年班干部维持课堂纪律的职务行为承担侵权责任。郭某是无民事行为能力人,是按教师的指示维持课堂纪律的,对此造成的后果应由学校承担,受害人陈某虽有违纪行为,但并不成为他人实施侵权的理由,陈某本人没有责任。根据《教师法》第七条规定,教师有管理学生的权利,但这是一种职权,只能依法行使而不能随意转让。教师在上课期间不到课堂维持秩序,应告知学校安排其他教师代管班级,而不能将管理学生的职责交给未成年的班干部,其行为是不符合法律规定和教育要求的。

5.淘气的孩子更需要校方严格监管

案例:

某日下午,某校五六年级的学生由体育老师焦某组织上体育课。课前,焦老师宣布参加乒乓球等项目比赛的学生进行训练,其余学生自由活动,同时要求学生不要去玩单双杠,不要影响其他学生训练。由于黄某不是参加比赛的运动员,便与几位同学擅自去玩单杠。黄某因身高不够,几次跳起也没能抓住单杠,便爬上单杠旁边的砖墙,跳过去抓单杠,但因没抓住而跌落在地上,摔伤右手,造成严重骨折致 7 级伤残,并花去医疗费等相关费用 66316 元。事后,黄某家人认为黄某受伤虽自己有过错,但是在学校上体育课时受伤,学校负有一定的管理责任。于是黄某家人将该学校告上法院,要求依法赔付其受伤致残造成的经济损失。

专家解析:

原告黄某在上体育课时违反学校管理制度,不听从老师的要求,在没有体育老师组织和指导的情况下,擅自并且不按规定要求去玩单杠,以致受伤,黄某应负该事故的主要责任。被告校方(体育老师)虽在上体育课时对学生提出不要去玩单双杠的要求,但校方并未在可预见的单杠区内采取必要的安全措施,以致学生受伤,校方应承担一定的责任。依照《民法通则》和《学生伤害事故处理办法》等法律规定,黄某造成损失的 66316 元由学校负责赔偿 20%,即 13263 元,其余由原告黄某自负。按《学生伤害事故处理办法》规定,学校组织学生参加教育教学活动或校外活动,未对学生进行安全教育,并未在可预见的范围内采取必要的安全措施的,要承担相应的责任。

6.在校学生喝酒身亡学校应承担赔偿责任吗

案例:

某日晚 7 时许,某学校学生郭某(17 岁)与几名同学在学生食堂喝酒。第二天早上,同宿舍的同学发现郭某的情况有些异常,立即将郭某送往医院,后抢救无效死亡。经过公安部门认定,郭某因饮酒过度而死。

专家解析:

郭某的父母认为,郭某只有 17 岁,是限制民事行为能力人,他下午 7 点多在学校食堂喝酒却没有遭到制止,是学校管理不到位,学校应负赔偿责任。为此,郭某家长向法院提起诉讼,要求学校赔偿 4.9 万元。学校称,学校有规定,学生不准酗酒,就在郭某出事的前几天,还对酗酒学生进行了处分。根据《最高人民法院关于审理人身损害赔偿案件适用法律若干问题的解释》第二条的规定,受害人对同一损害的发生或者扩大有故意、过失的,依照《民法通则》第一百三十一条的规定,可以减轻或者免除赔偿义务人的赔偿责任。但侵权人因故意或者重大过失致人损害,受害人只有一般过失的,不减轻赔偿义务人的赔偿责任。《适用民法通则》第一百零六条第三款规定确定赔偿义务人的赔偿责任时,受害人有重大过失的,可以减轻赔偿义务人的赔偿责任。本案中,郭某喝酒的时间正是学校自由活动的时间,学校不是郭某的监护单位,不应承担赔偿责任。作为即将成年的郭某已有相当的是非判断能力,知道酗酒能够带来什么后果,能够认识酗酒的后果,饮酒过量死亡,过错自负,学校不承担责任。

7.窄小的操场上管理更需细致

案例：

　　小学五年级的学生李某和曹某下课后在走廊里打闹，继而又跑到操场上，正跑得起劲，上课预备铃声响了，两人追至教室门口，李某跑在前面见地上有一短木棍，就顺手捡起向曹某掷去，谁知这木棍恰好击中另一名匆匆往教室里跑的同学左眼，造成该生左眼完全失明，花去治疗费用近万元。某小学平时要求较严，由于操场场地不宽，所以要求学生课间不要追打，为此，每天还安排了教师值勤。那段时间，值勤老师因为家里有急事请了假，而学校也没有再安排老师顶替，于是就发生了这样一件事。

专家解析：

　　本案是一起由于学生之间互相嬉戏打闹而致其中一人伤害的学生伤害事故案件，根据最高人民法院有关司法解释规定，对未成年人依法负有教育、管理、保护义务的学校、幼儿园或者其他教育机构，未尽职责范围内的相关义务致使未成年人遭受人身损害，或者未成年人致他人人身损害的，应当承担与其过错相应的赔偿责任。造成伤害事件发生的李某的监护人应负损害赔偿责任，同时学校由于未尽到应有的监督、管理义务,其也应负一定的责任。第一,本案应由李某的监护人承担主要责任。我国《民法通则》第一百三十三条规定:无民事行为能力人、限制民事行为能力人造成他人损害的,由监护人承担民事责任。监护人尽了监护责任的,可以适当减轻他的民事责任。有财产的无民事行为能力人、限制民事行为能力人造成他人损害的,从本人财产中支付赔偿费用。在本案中,李某和曹某课间嬉戏打闹。李某见地上有一根短木棍,就顺手捡起向曹某掷去,木棍恰好击中另一名匆匆往教室里跑的同学左眼,造成该生左眼完全失明,李某的监护人承担主要责任。第二,学校应当承担部分赔偿责任。学生进入学校后,学校有义务对其进行一定的教育、管理、保护职责,防止学生作出危害他人的行为,同时负有保护学生人身安全的义务。本案中,由于学校操场地不宽,所以要求学生课间不要追打,为此,每天还安排了教师值勤。事发的当天,值勤老师因为家里有急事请了假,而学校也没有再安排老师顶替。这样,由于学校的疏忽,未尽到管理责任,因此应当对事故的发生承担一定的赔偿责任。

8.校方施工未完,学生违规打闹致伤残

案例:

某日,某中学学生鲁某在上体育课当中,被一同玩耍的同学范某

推倒在学校操场正在施工的管道沟内致伤，导致左臂多发性骨折。法医鉴定为十级伤残。鲁某家长遂将范某和学校起诉到法院，要求学校承担部分赔偿责任。该校对已挖成的坑道未做充分的防护设施，因此对于鲁某的伤害，学校有过错，应当承担补偿责任。

专家解析：

本案是学校使用的教育教学、生活设施设备不符合有关规定要求而出现的伤害事故，依据《中华人民共和国未成年人保护法》第十六条明确规定："学校不得使未成年学生在危及人身安全、健康的校舍和其他教育教学设施中活动"和《处理办法》第九条规定："学校的教育教学、生活服务设施设备必须符合安全、卫生标准并按规定配备消防设备保证安全通道的畅通。学校举办者应当为学校配备符合标准的教育教学、生活服务设施设备提供必需的人员、经费保障;学校自行添置的设施设备亦应当符合安全、卫生标准。学校应当加强对设施设备的管理和保养确保其使用安全;对有危险性的设施设备、教学科研实验仪器及其他有毒有害物品、易燃易爆物品必须建立健全使用和管理制度并实行严格管理。学校应当在具有危险性的教育教学、生活服务设施设备上及校内施工区设置明显的安全警示标志。"学校严格按规定为学生提供安全健康的校舍和其他教育教学设施，假如发现不符合安全、卫生标准规定的必须及时整改和停止使用。(构成教学设施重大责任事故罪,刑法第一百三十八条规定,明知校舍或者教育教学设施有危险,而不采取措施或者不及时报告,致使发生重大伤亡事故的,对直接责任人员,处以三年以下有其徒刑;后果特别严重的,处三年以上七年以下有期徒刑。)

9.被闯进校园的疯狗伤害

案例:

某日,祝老师在学校的大操场给初一(6)班的同学上体育课,课堂内容是测量学生的100米短跑成绩,祝老师在百米线的终点按计时器,体育委员则在起点发令。第一批测试的同学已在跑道上做好预备姿势,其他同学则站在旁边观看。这时,谁也没有注意,一只疯狗钻进了人群,靠边的13岁男孩子曹某冷不防被狗撞倒在地,遭凶狗撕咬。当其他同学反应过来一起打狗时,已经迟了,曹某面部已血肉模糊。祝老师急忙将孩子送往医院抢救。由于地方偏僻,医院设备很差,甚至狂犬疫苗也是在三天以后才买到。曹某的病起初不碍事,哪知一星期后,狂犬病在曹某身上发作,后又多次转院,但一切已无济无事,不久方某便离开了人世。

专家解析:

《民法通则》第一百二十七条规定,饲养的动物造成他人损害的,动物饲养人或者管理人应当承担民事责任;由于受害人的过错造成损害的,动物饲养人或者管理人不承担民事责任;由于第三人的过错造成损害的,第三人应当承担民事责任。本案中,学生的损失应当由疯狗的饲养人或管理人来承担责任。本案中,该学校已组织学生投保了学生意外伤害保险。所谓学生意外伤害保险,是指由学校组织投保,以在学校身体健康,能正常参加学习的学生为被保险人,以意外事故致残疾或者死亡为保险事故,当保险事故发生时,由保险人按约定付给保险金的一种保险。学生意外伤害保险的保险金给付办法主要是:(一)被保险人因意外事故所致死亡的,给付保险金额的全数。(二)被保险人因意外事故造成双目永远完全失明或两肢永远完全残废或一目永远完全失明,同时一肢永远完全残废的,给付保险金额的全数;(三)被保险人因意外事故而造成一目永远完全失明或者一肢永远完全残废,给付保险金的半数。(四)被保险人因意外伤害事故而造成永远完全丧失或部分丧失劳动能力或身体机能的,视丧失程度给付全部或部分保险金额。(五)被保险人因意外事故所致残废,丧失身体机能或重伤而开支的医疗费保险人负有给付的责任。(六)被保险人在保险期内,由于连续几次意外事故致残,保险人都应给付保险医疗费,但累计总数不得超过保险金额全数,当累计金额总数达到保险金额全部时,保险合同效力即时终止。本案中,根据该学生的投保金额,保险公司应赔偿相应的保险金额,之后可向第三人即疯狗的饲养人或管理人追偿《民法通则》规定,饲养的动物造成他人损害的,动物饲养人或者管理人应当承担民事责任;由于受害人的过错造成损害的,动物饲养人或者管理人不承担民事责任;由于第三人的过错造成损害的,第三人应当承担民事责任。

10.伤害了身体的体育运动

案例：

某日下午,学校的体育老师同时给两个班级的学生上体育锻炼课,安排学生进行地滚球练习。在练习过程中,乔某与戴某发生相撞,导致乔某眼、脸部受伤。经法医临床学鉴定,乔某伤致左眼眶底骨折、左眼下直肌嵌顿,构成轻伤;乔某外伤后能复视,但损伤已达10级伤残程度。乔某家长称:按照学校体育老师的要求上体育锻炼课进行地滚球练习时,与戴某发生相撞,导致受伤,且已达10级伤残,认为是学校安排课程不合理,管理措施不严谨,戴某练习动作不准确所导致,故戴某和学校应对他的受伤负责。要求他们赔偿医疗费、营养费、交通费、鉴定费、监护人误工费、伤残补助费等共计人民币46066.3元。

专家解析：

乔某受伤事件系学校上课期间发生,其性质应根据客观事实和法律规定予以确定。就乔某而言,学生按老师的要求进行体育锻炼,并无过错。就戴某而言,亦同此理。学生做地滚球运动时人随球行当属常理,要求学生行进时没有偏差实属不尽情理之苛求。就学校而言,按教学大纲实施教学并无过错,且乔某受伤事件发生于瞬间,要求老师采取措施保证避免亦不切实际。因此,本案乔某受伤事件应属意外事件。

根据法律的规定,当事人对造成损害都没有过错的,可以根据实际情况,由当事人分担民事责任。根据《中华人民共和国民法通则》作出判决如下:一、学校给付乔某人民币 16576 元。二、戴某给付乔某人民币 5712 元。案件受理费 3706 元、鉴定费 700 元,合计人民币 4406 元,由乔某负担人民币 880 元,学校负担人民币 2206 元,戴某负担人民币 1320 元。

本案涉及的主要问题也就是:学校的责任问题和事故的性质问题。

1.学校的责任问题。学校与在校学生之间究竟是一种什么样的关系是处理本案的一个重要问题,由此可以确定学校对学生在校期间遭受伤害所应当承担的责任。学校与学生之间虽没有关于保护学生人身安全的书面协议,但从学校接受的对象多是未成年人、身心尚不完全成熟来看,从社会一般观念考察,学校也应尽到一般善良人应注意的义务,不能以其没有事先约定而免除过错责任。我国《未成年人保护法》在"学校保护"一章中明确规定"学校应当防止发生人身安全事故",该法将防止人身安全事故作为学校的责任,因而学校对于在校的未成年学生具有保护、照顾、管理的职责是毫无疑义的。但是,学校对学生应尽到保护、照顾、管理的责任,并不意味着学校成为学生的监护人。根据《民法通则》的有关规定,未成年人监护人只能是父母等亲属,学校不在其列。监护权是一种身份权,学校不具有法定的监护人身份,不能成为法定的甚至是"推定的"监护人。学生进入学校学习、生活的期间,也不意味着其法定代理人的法定监护责任转移给学校,因为根据最高人民法院《关于贯彻执行〈中华人民共和国民法通则〉若干问题的意见》监护人的监护职责包括三方面内容:一是照顾和保护被监护人的身体健康;二是管理被监护人的财产,代其进行民事活动;三是代理被监护人进行诉讼活动。很显然,在通常情况下,学校不可能承担起所有的监护职责,监护权也不可能全部自动地转移给学校。学校承担的职责是独立的责任。委托监护应有协议存在,家长送子女进校接受教育并不构成委托监护协议。因此,学校对学生不能承担监护的责任。

2.事故的性质与民事责任的承担问题。从本案来看,根据查明的事实,原告所受伤害是在上体育锻炼课期间,按照老师的布置进行运动练习过程中,与第二被告发生相撞事故导致。就原告而言,学生按老师的要求进行体育锻炼,不存在过错的情况;反过来,就第二被告而言也是同理。因为他们都是无民事行为能力的学生,主观认识对事物发展过程中的判断能力本身就不健全,因此在体育运动过程中,要求他们完全预知授课内容有无危险,并根据老师要求进行而没有偏差,显然是不合理的,即使有完全行为能力的成年人也不能保证其每次运动都不发生事故,我们又怎能苛求学生呢? 那么,老师有无过错呢? 应该讲也是没有的。因为老师的授课,是按照教育局审核批准的教学大纲进行的,并无偏差或越轨之举;与此同时,整个事故是在瞬间发生的,因此,要求老师及时采取措施保证避免等也是不切实际的要求。所以此事故的发生属意外事件,三方均没有过错。判断学校有无过错时,我们要避免不从个案的具体情况分析,而是认为学生只要在学校发生了事故,学校就应承担过错责任。这种认识与实践,是与过错责任原则相悖的。我国《民法通则》规定:"当事人对造成损害都没有过错的,可以根据实际情况,由当事人分担民事责任。"本案是意外事件,当事人都无过错,在这种情况下,适用公平原则,不但是合理的,而且也是必要的。

11.误伤引发的争端

案例:

　　某市某中心小学校园内,六年级学生陈某和李某课间在教室走廊上开玩笑,陈某朝李某脸部挥拳一瞬间,误伤了李某的右眼,造成李某右眼视网膜脱落,经送治疗,学生李某的伤情得到控制,右眼视力得到恢复。在接下来损害赔偿责任的承担上，各方产生了较大的分歧和争执。学生李某右眼受到伤害，共花去医疗费交通费及其监护人误工费等损失计人民币 40100 元。事发后，校方已及时向受害学生李某道义上资助了人民币 1000 元，又组织班级同学捐助了人民币 1000 余元。鉴于校方尽心尽力且通情达理，学生李某及其监护人认为校方不承担民事责任，遂要求侵权人学生陈某及其监护人承担全部民事赔偿责任人民币 40100 元和精神损失费人民币 5000 元。侵权人陈某的监护人向受害方和学校提出，受害人学生李某的眼睛原患有高度近视，因生理原因，本身视网膜就易脱落，自己也应承担责任；事情发生在校园内，学校也有责任；对于赔偿费用，双方学生和学校各承担三分之一。学校对于侵权人陈某的监护人提出的这一主张和要求，认为无理。

受害方李某及其法定监护人向人民法院提起民事诉讼，要求被告侵权人陈某及其法定监护人承担全部民事责任，赔偿损失 40100 元和精神损失费 5000 元。此前，侵权人陈某的监护人基于本案的侵权事实和行为，已向受害人支付了赔偿费人民币 10000 元，但尚欠 30000 余元未付。法院于 2001 年 11 月开庭审理此案，追加学校为第三人。最后，法庭认定学校不承担民事赔偿责任，但应给予受害学生一定道义上的经济补偿。正是基于这一认识，学校同意调解，愿意在调解书生效之日一次性补偿原告李某人民币 2500 元。

专家解析：

这是一起由于侵权引起的教育法律案件。从主体上看，案件涉及学生陈某、李某(及他们的监护人)和学校。从客体上看,案件中侵犯的是一种人身权利,具体说来是学生李某的生命健康权。从内容(权利与义务关系)上看:一、根据《民法通则》的规定:限制民事行为能力的人,包括 10 周岁以上的未成年人;不能完全辨认自己行为的精神病人。(注:十六至十八岁,以自己的劳动收入作为主要生活来源的,可视为完全民事行为能力人。)二、《侵权责任法》第三十二条规定:"无民事行为能力人、限制民事行为能力人造成他人损害的,由监护人承担侵权责任。监护人尽到监护责任的, 可以减轻其侵权责任。"三、《侵权责任法》第三十九条规定:"限制民事行为能力人在学校或者其他教育机构学习、生活期间受到人身伤害,学校或者其他教育机构未尽到教育、管理责任的,应当承担责任。"

根据以上规定,当限制民事行为能力人在学校等教育机构(以下简称教育机构)生活、学习期间身体受到伤害,其责任承担主要有以下两种方式:1.当限制民事行为能力人在教育机构学习、生活期间,因教育机构未尽到教育、管理的职责使其受伤但没有直接致害人的以及因教职员工等实施侵权行为使其受伤的, 如果受害人一方可以证明教育机构未尽到教育、管理职责的,则教育机构应承担责任。2.当限制民事行为能力人在教育机构学习、生活期间,因其他未成年人实施侵权行为的,应由实施侵权行为未成年人的监护人承担责任,同时如果受害人一方能够证明教育机构未尽到教育、管理职责的,教育机构也应承担相应的责任。

在此案例中,首先,根据民诉法规定的"不告不理"的诉讼原则,原告没有起诉学校为被告或第三人,即原告没有要求学校承担民事赔偿责任。其次,学校没有过错,学校已尽到应尽的教育、管理、救护义务。最后,目前法律尚未明文规定学校应对此承担民事赔偿责任。这起人身伤害案件的双方学生年龄为十三四岁,均为限制民事行为能力的人。《民法通则》及《最高人民法院关于执行〈民法通则〉若干问题的解释》均未有对在学校生活、学习的限制民事行为能力的人受到伤害,或给他人造成损害,学校应承担赔偿责任的明文规定。《福建省高级人民法院关于审理人身损害赔偿案件若干问题的意见》第五十三条规定,"校园人身损害赔偿案件适用过错责任原则确定学校的民事责任","损害结果完全由于学校、受害人以外的第三人过错造成的,则学校不承担民事责任"。该意见还指出:"学校与未成年学生之间的关系不是监护人与被监护人关系,法律、法规有关监护人责任的规定,不能适用于学校。"本案的发生不是由于学校教学设施不安全以及学校在进行教学活动时因学校和老师的过错造成伤害,损害结果完全是由于受害人和侵权人课间在教室外开玩笑一瞬间所致。根据《福建省高级人民法院关于校园人身损害赔偿意见》的有关规定,学校没有过错,不应承担赔偿责任。在本案中学校承担民事赔偿责任于法无据。可见,学校对校园内发生的人身损害案件适用过错责任原则,只有在学校有过错的情况下才承担民事赔偿责任。

12.是否可以用殴打来制止课堂上吸烟

案例:

某一天,某校中学生何某趁陈老师上课在黑板板书之机,偷偷地在下面抽烟。老师发现之后,便叫何某交出烟来,但何某再三否认抽了烟。于是,陈老师怒气冲冲地骂了他一顿,并打了他两个耳光,恰好是打在何某的左耳上,致使何某左耳失聪。后来,陈老师赔偿了该同学的经济损失。

专家解析:

在此案例中,陈老师面对课堂突发事件,应冷静处理,调查了解情况,以正面教育为主,讲清道理,使学生知错改错,而不能凭一时冲动体罚学生。因为我国《未成年人保护法》规定:"学校,幼儿园的教职员应当尊重未成年人的人格尊严,不得对未成年学生和儿童实施体罚,变相体罚或者其他侮辱人格尊严的行为。"陈老师打了何某两个耳光致使其左耳失聪的行为,违反了《未成年人保护法》的有关规定,侵犯了学生的身体健康权。所以,陈老师的行为是一种违法行为,学校应承担全部责任。陈老师体罚何某造成何某失聪,法医将根据何某失聪程度鉴定何某伤残等级:轻微伤、轻伤或者是重伤。如属轻微伤,陈的行为属一般违法行为,不构成犯罪;如属轻伤或重伤,陈的行为构成故意伤害罪。根据《刑法》第二百三十四条规定,故意伤害他人身体的,处3年以下有期徒刑,拘役或者管制。犯前款罪,致重伤的,处3年以上10年以下有期徒刑。如属轻伤,加害人与受害人可以和解,受害人不向法院起诉的,不追究刑事责任;如属重伤,无论受害人是否向司法机关控告,司法机关将追究加害人的刑事责任。

13.被赶出教室出现意外谁承担责任

案例:

某小学曾发生这样一件事:五年级学生庞某在下午第二节音乐课时,多次调皮捣蛋,违反纪律,经老师批评教育拒不悔改,被老师赶出教室。庞某孤单在外,很无聊,下课后,找到五年级另外一个同学梁某,说第七节课不上了,去河里游泳。梁某书包也没拿,真的随庞某爬出围墙,来到河边。几个猛子扎下去之后,梁某发现庞某不见了,急得不知如何是好,来往返回走了几回,没找着,就急急忙忙回家去了。到了晚上,庞某的妈妈见下午儿子放学后一直没踪影,赶快打电话给学校,学校说不在。最后找回梁某查清真相,学校和家长才知道不好了,立即动员学生、家长、老师一起去找,直到第二天,才在下游几里的地方找到庞某尸体。

专家解析：

此案例说明：教师及其他职工欺侮、殴打、体罚或者变相体罚学生的要负法律责任。教师体罚学生或变相体罚学生的事件频频发生，并且体罚学生的手段五花八门，说明了部分都是师德意识不强、心理素质低下。根据《刑法》第二百三十四条规定，故意伤害他人身体的，处3年以下有期徒刑、拘役或者管制。犯前款罪，致重伤的，处3年以上10年以下有期徒刑。如属轻伤，加害人与受害人可以和解，受害人不向法院起诉的，不追究刑事责任；如属重伤，无论受害人是否向司法机关控告，司法机关将追究加害人的刑事责任。学校必须要加强师德教育，狠抓落实，严防此类事故发生，如果发生时，学校应负主要责任，赔偿学生的经济损失。事后，学校可根据《处理办法》第三十八条规定："教师及其他职工在履行职务中故意或者过失造成学生安全事故的学校承担损害赔偿责任后可以向有责任的教师及其他职工行使追偿权。"

14.幼儿间的伤害应由致害人承担责任

案例：

一天下午，幼儿园到了离园时间，家长纷纷到班上接孩子，父母还没有到的孩子就在活动室里玩玩具。壮壮(化名)和点点(化名)两人因争抢一支玩具手枪扭打起来,正在与其他家长交流的老师闻某闻声立即走上前去阻止他们,并没收了玩具手枪,教育他们不能打架。待两名幼儿各自去玩其他玩具后,闻某继续接待来园的家长。此时壮壮心有不忿,突然跑到点点身后,用力将其推倒,造成点点额头被摔破,缝了四针。事故发生后,点点的家长要求幼儿园和壮壮的家长共同承担赔偿责任。但幼儿园认为自己不存在过错,无需承担损害赔偿。而壮壮的家长则认为,孩子是在幼儿园将人推倒致伤,是教师闻某监管不力造成,应该由幼儿园负全责。

专家解析:

本案是关于幼儿在幼儿园里因争抢玩具发生伤害事故法律责任的认定问题。根据《学生伤害事故处理办法》第八条规定:"学生伤害事故的责任,应当根据相关当事人的行为与损害后果之间的因果关系依法确定。因学校、学生或者其他相关当事人的过错造成的学生伤害事故,相关当事人应当根据其行为过错程度的比例及其与损害后果之间的因果关系承担相应的责任。当事人的行为是损害后果发生的主要原因,应当承担主要责任;当事人的行为是损害后果发生的非主要原因,承担相应的责任。"该《办法》第十条第(二)项规定,"学生行为具有危险性,学校、教师已经告诫、纠正,但学生不听劝阻、拒不改正的"造成学生伤害事故,学生或者未成年学生监护人应承担相应责任。结合这起事故来看,幼儿壮壮的行为与点点受损害的后果之间有直接的因果关系,壮壮是伤害事故的责任者。教师闻某在发现壮壮和点点之间发生纠纷打闹时, 及时劝阻幼儿间的不当行为并进行了教育,尽到了管理教育职责,壮壮事后报复伤人是她无法预见和制止的突发行为,故教师和园方在此事件中已履行了相应职责,行为并无不当,并无过错,故无需负法律责任。这起幼儿间的伤害应由致害人承担责任,但造成伤害发生的幼儿壮壮是无民事行为能力人,所以应由壮壮的监护人承担民事损害赔偿责任。

15.学生继续实施学校禁止的不当危险行为的责任

案例:

某乡村小学,多数学生都爱打弹弓,为防误伤,学校已三令五申不准带弹弓来校, 甚至还没收了几把弹弓,并在全校进行了通报批评,但总有个别学生不听劝告,依然我行我素。某日,四年级学生韩某又带了一把皮弹弓。上午第二节下课铃响后,他和同学 3 人在教室边无人处偷偷地拿出皮弹弓,以石子为丸,弹打树上的麻雀。因用力过猛,其中一颗石子掉下来又弹在墙上,反弹之后射进了旁边的露天简易便池。这时三年级学生李某正在那里小便, 一颗从外面飞进来的小石子正好弹在他左眼上, 顿时血流如涌。学校当即组织人员送李某进当地医院治疗后又转送市区医院治疗。经过 2 个多月医治后，终因瞳孔破裂，左眼失明，造成终身残疾。

专家解析：

根据有关法律的规定，学校应按照过错责任原则承担与过错相应的责任。在本案中，学校为保证学生安全，三令五申不准带弹弓到校，甚至还没收了几把弹弓，并在全校进行了通报批评，应该说，校方尽到了其分内的职责义务。因此，对于这起学生伤害事故，不应认定为学校责任事故。学生韩某违反校规，私自带弹弓并在教室边使用弹弓打麻雀结果导致学生李某左眼失明，终身残疾。对韩某行为的损害结果，应由其父母承担赔偿责任。依照法律规定，无民事行为能力人，限制行为能力人对他人造成损害的，应由其监护人承担民事责任。我国《民法通则》规定，不满十周岁的未成年人为无民事行为能力人。依我国《民法通则》规定，十周岁以上的未成年人为限制民事行为能力人，可以进行与其年龄智力相适应的民事活动；其他民事活动由其法定代理人代理，或者征得其法定代理人同意后进行。无民事行为能力人、限制民事行为能力人致人损害行为责任，该责任具体由其监护人（通常为父母）承担。构成此种民事责任必须具备两个基本要件：（1）损害是由被监护人所造成的。（2）责任承担者与加害人之间有监护关系的存在，也就是说，承担责任的人必须是加害人的监护人，而且，监护人只能对其被监护人的侵害行为承担民事责任。在本案中，赔偿责任应当由韩某的父母承担。学生行为具有危险性，学校、教师已经告诫、纠正，但学生不听劝阻、拒不改正的。学生已经过学校、教师告诫、纠正，却不听，拒不改正，仍然去实施危险行为的，行为人要对自己的行为负责，即学生还需要对自己的行为负责。实际教学工作中，学校、教师主要承担的是教育的职责，并不能完全限制学生的主观动机和行为方式。完全严格要求学校全身心尽责管理学生，不仅不可能，也是不现实的。如果在教师注意并阻止的情况下，学生又继续实施不当危险行为，则学校就不承担责任，学生及其家长应当责任自负。

16.在校期间先天疾病发病谁承担责任

案例：

某日早晨，某县寄宿民办学校小学一年级学生高某，起床后呕吐不止。学校在送高某去医院过程中，马上通知了在外地的高某家长。等家长赶到医院时，高某已经昏迷不醒。高某在医院治疗了3天，治疗期间，出于对学生的关心，学校派老师陪同家长一起护理。后来，高某被家长转院继续治疗，转院时，学校也派出专人陪同，医院也进一步确诊是脑血管先天性畸形造成的血管破裂脑溢血，并明确说非外力所致。其间，学校多次派人前往探望，学校不仅为高某家长垫付了治疗的全部费用,还发动全校教职员工为高某献爱心,募捐了近3万元钱,帮助高某家长。经过手术以及将近两个月的治疗,高某奇迹般地康复了。康复以后,高某家长认为,自己的孩子在学校突发疾病,且差点丢了性命,自己为了抢救孩子花了十多万元人民币,还耽误了工作,不仅不同意归还学校为其垫付的1.5万元医药费,还向学校提出要补偿保险公司赔付外其个人承担的近十万元的医疗费。

专家解析:

根据教育部《学生伤害事故处理办法》第十二条第三款:学生有特异体质、特定疾病或者异常心理状态,学校不知道或者难以知道造成的学生伤害事故,如果学校已履行了相应职责,行为并无不当的,无法律责任。高某出现呕吐以后,学校及时将高某送往医院检查、治疗,采取的措施积极有效,同时,学校在送高某去医院的同时马上通知了家长。这些做法都足以说明学校已经履行了相应职责,行为并无不当,无法律责任。出于对高某的关爱,学校为其垫付医药费,派人护理,一起陪同家长给高某转院,多次到医院探望高某,还发动教职员工捐款。这些做法也符合《学生伤害事故处理办法》第二十六条提出的:学校无责任的,如果有条件,可以根据实际情况,本着自愿和可能的原则,对受伤害学生给予适当的帮助。本案例中,高某家长不归还学校为其垫付的1.5万元医药费,还向学校提出赔偿近十万元的要求是不合理。

17.未成年人借钱不还谁担责

案例：

李某（当时十五岁）因同学高某有急事需用钱，便向哥哥的好友张某借钱，张某碍于李某哥哥的面子，遂借给李某，诺半年内还清。因到期未还，张某多次向李某的母亲陈某索要，其母亲总是以事前未征得其同意而拒绝还款。

专家解析：

李某向张某借钱，并出具了借条，这是双方实施的一种民事借贷行为，确认该民事行为是否有效，首先要看李某是否具有与之相应的民事行为能力。《民法通则》第十二条规定，十周岁以上的未成年人属于限制民事行为能力的人，只能进行与他年龄、智力相适应的民事活动。如果实施其他民事行为，应当由其法定代理人代理，或者征得其法定代理人的同意。《合同法》第四十七条同时规定，限制民事行为能力人订立的合同，经法定代理人追认后该合同有效。李某实施借钱行为时十五岁，属限制行为能力人，他向张某借钱转手给了高某。依照李某的年龄、智力状况，他不能理解这种行为，也不能预见该行为可能发生的后果，与其行为能力不相适应，是限制行为能力人依法不能独立实施的民事行为。而李某的母亲陈某,对李某的借款行为不予追认。根据《民法通则》第五十八条的规定,限制民事行为能力人依法不能独立实施的民事行为是无效民事行为,不能发生法律效力。《民法通则》第六十一条规定,民事行为被确认无效或被撤销后,有过错的一方应当赔偿对方因此所受的损失,双方都有过错的,应当各自承担相应的责任。张某明知李某系未成年人,又明知李某是为同学借钱,且在没有征得其母陈某同意的情况下,借钱给李某是错误的,应负一定责任,李某的监护人也应承担相应的民事责任。

18.不慎撞倒小伙伴监护人有责任

案例:

李某在某市某子弟学校上小学五年级。某日上午课间,同校六年级的刘某与杨某相互追逐嬉戏,奔跑的杨某不慎将正在玩耍的李某撞倒,致李某受伤。李某伤后被送往医院诊治,确诊为右肱骨上段闭合性骨折。经司法鉴定,构成八级伤残。经法庭认定,事故造成李某经济损失 82280.60 元。事后,两个肇事者的家长认为李某的伤属于意外,自己的孩子无过错,拒绝赔偿医药费等费用。校方则表示,老师发现李某的伤情后,及时告知双方家长并积极组织施救,避免了不良后果的加重和损失的扩大，最大限度地履行了教育、管理、保护的义务，不存在过错，因此也拒绝李某家长的索赔。

法院一审认定学校不存在过错，不需承担赔偿责任；同时按照公平原则，判决两小肇事者与原告李某的家长各自承担李某的医药费等费用的三分之一，即 27440 元。

专家解析：

在法律层面上，学校对学生并非负有监护责任，而是过失责任，即学校行为存在过失才承担相应责任，不存在过失则不承担责任。该案中，未成年学生课间追逐嬉戏属正常的娱乐活动，杨某、刘某的玩耍不具有潜在的危险性，无需教师亲自直接管理和保护，李某被撞倒受伤属偶然和不能预见的意外事故。事故发生后，学校及时与学生家长取得联系，并积极施救，避免了不良后果的加重和损失的扩大，最大限度地履行了教育、管理、保护的义务，故学校同样不存在管理的疏忽和过错，不应承担责任。由于本案中李某与杨某、刘某对损害的发生都没有过错，遂根据《中华人民共和国民法通则》第一百三十二条"当事人对造成损害者没有过错的，可以根据实际情况，由当事人分担民事责任"的规定，依据公平原则，判令李某、杨某和刘某各承担李某损失的三分之一民事责任。所谓公平原则，也称公正原则，是法律始终奉行和追求的一种价值观，也是《民法》的基本原则之一。公平的本意是公平合理。公平责任原则，是指加害人和受害人都没有过错，在损害事实已经发生的情况下，以公平考虑作为价值判断标准，根据实际情况和可能，由双方当事人公平地分担损失的归责原则。具体包括三个方面的内容，即当事人自愿、平等，民事主体参加民事活动的机会要均等；民事主体在民事权利的享有和民事义务的承担上要对等，不能显失公平；民事主体在承担民事责任上要公平、合理。

19.学校组织学生参加大型集体活动发生意外

案例：

某日下午 3 时 30 分，某县某小学组织全体学生在该县某影院观看电影。当最后两个班正在进入观众厅过道时，电灯熄灭，电影正式开演。学生急于入座，发生拥挤，秩序大乱。导致一年级学生李某被踩踏死亡，另有轻伤一人。时隔不久，在某市也发生了类似的事件：某日，某市某中学组织学生到电影院观看电影，由于电影院管理失误，入场检票时单、双号门却还紧闭，致使五六百学生检票后仅能待在过厅而不能进入放映场，电影开演五六分钟后，影院才仅开单号门让学生入放映场地，而天窗紧闭，不开电灯，黑暗中学生发生拥挤，致使三名学生被挤倒在地，其中初二女生赵某经抢救无效死亡，另两人受轻伤。

专家解析：

根据《学生伤害事故处理办法》的有关规定,本起事故可以算作是学校责任事故和第三方责任事故的竞合,即属于混合责任事故。本案中学校在组织学生参加大型集体活动时,应当做好一切准备工作。特别是有教育经验的人应当意识到学生在入场时如果不按一定的秩序,很容易发生拥挤和互相踩踏的情况。另一方面,电影院是为公众提供休闲娱乐的经营场所,应为按规定购票的观众提供安全的观看场所,做好维持秩序的组织工作等。受害学生或其监护人有权请求赔偿损失,学校和电影院应当按比例分担赔偿责任。由于电影院对事故的发生负主要责任,因此,电影院对死亡学生的家属及受伤学生应负主要赔偿责任,本案中学校的过错程度较轻,应对受害学生或其家属承担一定的赔偿责任。在诉讼中学生家长可以作为原告或者原告的代理人出席法庭,将电影院和学校列为共同被告。

20.爷爷无钱医治生病的孙女先遗弃后实施活埋

案例：

张某的儿子张某某生了一个女婴。后来,张某发现小孙女有严重的残疾,心脏和肺都有不同程度的毛病。送到医院诊治后,因无钱支付二万余元的手术费用,张某将孙女弃于医院。经医院电话催促后,张某接回孙女。张某想到无钱给孙女治病,孙女迟早都会死,看见孙女被病魔折磨的痛苦样子,张某遂产生了将孙女活埋的念头,好让她不再受苦。当天,张某将孙女从医院带出来。埋在自己事先挖好的土坑里,但又下不了手,只是草草地培了一些土就离开了。万幸的是,当时附近有路人看见了整个经过。孙女被路人发现并救出。事情暴露后,张某潜逃,后被公安机关抓获。

专家解析:

张某实施的故意杀人行为系家庭困难,认为残疾孙女没有救治可能的情况下实施的,所以其故意杀人罪名虽然成立,但造成的后果不严重,犯罪情节轻微,可酌情处理。根据事实和依据,张某已触犯了《中华人民共和国刑法》第四章第二百三十二条:故意杀人的,处死刑、无期徒刑或十年的有期徒刑;情节较轻的处三年以上十年以下的有期徒刑。中华人民共和国《刑法》中的遗弃罪,是指对于年老、年幼、患病或者其他没有独立生活能力的人,负有扶养义务而拒绝扶养,情节恶劣的行为处五年以下有期徒刑、拘役或者管制。本案理应重判,但是犯罪嫌疑人造成的犯罪后果不严重,法院根据相关法律酌情判处:张某有期徒刑五年,如不服本院判决可在十五个工作日内向上级国家机关提出上诉。本案的焦点是故意杀人罪和遗弃罪的情节轻重,犯罪嫌疑强虽然有充足的犯罪动机和犯罪事实,但是所造成的犯罪后果不严重,所以说法院的判决是比较合理的。

21.学校的教育管理应当尊重未成年人的人格尊严

案例：

暑假过去又开学了,初一(2)班的陈老师在学生到校的第一天,又强调了发型问题。陈老师强调发型问题是有原因的。三天过去了,班里的男生苏某还是留着长长的中分。早上第一节课,苏某一进教室,陈老师二话不说就把他叫到讲台前罚站了一节课。下课后,陈老师又把他叫到办公室严厉地质问:"老师给全班同学提的发型要求,你知道吗? 这也是全校统一的要求,你知道吗? ""知道。"学生回答。"知道? 知道为什么还不动? "陈老师声调里明显带着几分火气。"我喜欢! 再说家里都不反对,管这么宽干吗? "学生理直气壮。"啪!"陈老师顺手打了他一巴掌,骂道:"你这个痞子! 我就要管得宽。"说着,拉开抽屉,顺手拿出一把剪子,"那我替你理吧!"话到手到,苏某的一绺头发已剪下来了。苏某一边护着,一边说:"得,得,我自己去理,行了吧。"边说边去夺老师手里的剪子,结果自己的手在抢夺中被划了一道深深的口子。苏某捂着鲜血淋漓的手,哭着跑出了办公室。苏某回到家的时候,其父正在喝酒。看见儿子这副模样走进来便大声喝问,以为儿子又在外面打了架,惹了是非。当听完事情原委后便借着几分酒力,怒冲冲跑到学校兴师问罪。

专家解析:

在本案中,这位陈老师对学生严格要求,对工作认真负责是好的,但采取的方法不当,对学生的人格不够尊重。《未成年人保护法》第三章找到第十五条:"学校、幼儿园的教职员应当尊重未成年人的人格尊严,不得对未成年学生和儿童实施体罚、变相体罚或者其他侮辱人格尊严的行为。"就这一点来说,陈老师应该向学生及家长道歉。通过这个案例,我们需要有一个清醒的认识:在学校教育教学活动中发生的类似事件比较普遍,像罚抄作业、歧视品行有缺点和学习有困难的学生等,家长到学校来"兴师问罪"或投诉的事也多见于很多学校。当发生这类事情的时候,应该依照现有的法律来处理,虽然不是所有行为都有相应的具体法律条文,但我们也可以比照一些类似条文或者法律精神来解决。知法、懂法、守法,具备法律意识是对每个公民的要求。作为一名人民教师,遇事要能冷静思考,特别是平时要注意以法律来规范自己的行为,这对保证学校正常的教学程序非常重要,同时这也是保障自身权利的重要前提。

22.教师患有精神病而导致中学生受侵害

案例:

刘某是某市某中学教师,他喜怒无常,时而对学生热得似一团火,时而又横眉冷对,不分场合地点把学生训得抬不起头。但因刘某工作尚负责,学校人员紧张,刘某又一再要求,于是新学期刘某当上了初一年级班主任。上任没多久,刘某就恶性发作,对不顺眼惹他生气的学生挖苦、罚站、停课、留校、告状,还连家长一起训斥,严重地伤害了学生自尊心,以至于许多学生厌学,装病逃学,除了他的课,其他的课都不好好上。甚至在全班点名开学生张某的批判会,并体罚张某,使张某头部碰到墙上,导致脑震荡。后接到学生与家长的强烈反映后,学校才将刘某换下,但由于学生受到的影响太深,这个班很长时间也没恢复元气。后经医院鉴定,刘某患有神经官能症。这是一起由于教师患有精神病而导致未成年中学生的人身权利、受教育的权利受到侵害的案例。

专家解析:

本案属于典型的教师患有不适宜担任教育教学工作的疾病,但学校未采取必要措施,而造成学生受到伤害的事故,在这种情况下,学校应当对学生伤害事故承担赔偿责任,也就是说学校是赔偿责任人。从法律的视角看,对于未成年中学生遭受的身心损害,学校和有关责任人员应负法律责任。对于本案的法律责任,应适用有关国家法律、法规和教育行政部门的行政规章的规定进行处理。第一,学校和教师对于在校的未成年学生,负有维护其合法权利的法律义务。中学教师刘某在本案中对于其班上学生实施的有关行为,属于侵权的违法行为,严重侵害了未成年中学生们的人身权利和受教育的权利。

《民法通则》规定：公民、法人享有名誉权，公民的人格尊严受法律保护，禁止用侮辱、诽谤等方式损害公民、法人的名誉。《未成年人保护法》规定：学校、幼儿园的教职员应当尊重未成年人的人格尊严，不得对未成年学生和儿童实施体罚、变相体罚或者其他侮辱人格尊严的行为。第二，本案中，中学教师刘某患有神经官能症，在对学生喜怒无常的症状已经凸显的情况下，该中学还任命其为班主任，致使刘某上任后对学生经常采取挖苦、罚站、停课、留校、告状等体罚或变相体罚的措施，并造成张某脑震荡，这严重侵害了未成年中学生的人身权利。对于这种状况，学校领导却视而不见，因此，学校违反了其维护受教育者合法人身权利和受教育权利的义务，应依法承担相应法律责任。

23.幼儿园未能履行其应尽的安全保护义务

案例：

某市某学校规定小学部下午放学时间是 5 时，学校幼儿园是 4 时 30 分。由于当天学校布置全体教师下午植树劳动，以迎接市教委的绿化检查，所以小学部的三四五年级同学也跟着老师们一起参加植树劳动，一二年级打扫卫生，幼儿园上完一节课后放学。按常规，教师应整队护送学生出校，安全地走过公路。可幼儿园的老师因为学校植树任务紧，怕自己的任务来不及完成，所以上完一节课放学后，只草草地整了一下队，将孩子们送至门口，告诫大家注意安全，便回来参加劳动。幼儿大(1)班的小朋友窦某见没有老师护送，便私自溜出队伍，去路边小店买水和零食，并在公路上玩耍起来，不巧被一辆由北向南的东风拖挂车撞倒当场死亡，而肇事者当时逃离现场。

专家解析：

本案是一起由于幼儿园教师未尽到必要的管理责任而导致幼儿死亡的事故。虽然，负责老师无须承担刑事责任，但应承担相应的行政责任，同时，幼儿园应当承担一定的民事赔偿责任。第一，幼儿园有保护幼儿人身健康和人身安全的义务。幼儿园及其保教人员有保证在其管理之下的儿童的人身安全的责任。在幼儿园的日常管理、教育和生活等各方面工作中，如组织幼儿进行多种文化活动、安排幼儿的膳食等，都必须严格遵守幼儿园管理条例、工作规程等文件规定的标准和制度，以防发生人身伤害事故。在本案中，按常规，教师在幼儿离校时应整队护送学生出校并安全地走过公路，但因为学校布置全体教师下午植树劳动，以迎接市教委的绿化检查，幼儿园教师为能及时完成植树任务，在放学后只是草草地整了一下队，将幼儿们送至门口，即回去参加劳动。幼儿园教师如此不负责任的行为间接地导致了幼儿被撞死的惨剧。由于学校未能尽对学生的保护和管理义务，学校应当依法承担赔偿责任。第二，根据有关规定，对未成年人依法负有教育、管理、保护义务的学校、幼儿园或者其他教育机构，未尽职责范围内的相关义务致使未成年人遭受人身损害，或者未成年人致他人人身损害的，应当承担与其过错相应的赔偿责任。本案中，幼儿园未能依法履行其应尽的对学生的安全保护义务，对于该幼儿的死亡有一定的过错。

24.在学校自身不当行为造成的意外

案例：

小明(化名)8岁，在寄宿学校就读，夜里练习后弯腰不慎下肢瘫痪，就医两个月已花去十多万元，父母均为外地的打工族。原告小明家人与学校协商无果而发生纠纷，起诉到法院。法院认定：原告小明受到伤害完全是由于自己的不慎行为造成的，学校对伤害的发生不存在过错，学校不承担责任，因此驳回原告的诉讼请求。

专家解析：

《最高人民法院关于贯彻执行〈中华人民共和国民法通则〉若干问题的意见(试行)》第一百六十条规定："在幼儿园、学校生活、学习的无行为能力人(十岁以下)受到伤害或者给他人造成伤害，单位有过错的，可以责令这些单位适当给予赔偿。"也就是说，对未成年人依法负有教育、管理、保护义务的学校、幼儿园或者其他教育机构,未尽职责范围内的相关义务致使未成年人遭受人身损害,或者未成年人致他人人身损害的,应当承担与其过错相应的赔偿责任。因此,学校是否应承担责任,要由法院审理认定学校是否有过错。如果学校有过错,如管理不善等,校方应承担责任。否则该事故就属于意外事件应由当事人自己负责。在本案中,学生受到伤害的情况,学校不存在任何过错,而是由于王某的不当行为造成的意外,与学校没有任何关系,学校不承担小明的治疗费用。

25.幼儿园园外活动发生事故

案例:

某市一家娱乐公司与该市体育场的后勤服务公司联合,利用体育场的大门口空地设置大型充气玩具,开展经营性的娱乐活动。由于体育场的地理位置偏僻,为吸引更多的游客,娱乐公司请电视台为他们做宣传广告。因为拍摄中需要一些幼儿配合,经一位家长介绍,娱乐公司老板与体育场后勤服务公司的人员就一同来到某幼儿园,请该园承担此项任务。园长明确提出,必须在保证幼儿安全的情况下才可帮忙。对方承诺安全由他们负责。一天下午,体育场派车将该园大班、中班幼儿共七十多人接到游乐场。场内设有九件大型玩具，每件由一位工作人员维护安全。园长仔细看过后，提出有几件玩具只有一人看护是不够的，但娱乐公司的老板说没有问题。园长只得让随同前来的几位老师也参加孩子的保护工作。在拍摄从高处的充气房间跳向下面的一匹充气马时，一位女孩儿跳到马背上弹了下来，正砸在周围一名男孩儿身上。男孩儿的胳膊疼得抬不起来。园长马上和游乐场的领导把男孩儿送到了医院。诊断结果是，男孩骨折。游乐场承担了医药费和车费。后来，当家长提出承担后遗症的责任时，游乐场要求幼儿园也承担一定的费用，幼儿园拒绝了。

专家解析：

这是一起园外活动中发生的事故。分析这一事故的责任，应当以我国的《民法通则》《未成年人保护法》以及从 2002 年 9 月 1 日起实施的教育部颁布的《学生伤害事故处理办法》等相关的法律、法规为依据。幼儿园作为实施保育教育的机构，有时会组织幼儿到社会上参加一些活动。在园外活动中，无论是幼儿园方面还是社会活动的组织者或场地的管理者，都要严格遵守有关幼儿园和未成年人的安全卫生方面的法律要求，防止发生事故。

从幼儿园方面来讲，我国《未成年人保护法》第十七条明确规定："学校和幼儿园安排未成年学生和儿童参加集会、文化娱乐、社会实践等集体活动，应当有利于未成年人的健康成长，防止发生人身安全事故。"可见，即使在组织幼儿参加园外活动期间，幼儿园也担负着一定的保护幼儿安全的义务。这种义务主要体现在以下几方面。

(一)幼儿园在选择参加什么样的园外活动时,必须考虑活动是否符合幼儿安全和卫生的要求,不能参加可能危及幼儿人身安全的活动。《学生伤害事故处理办法》第九条第六项规定,如违反有关规定,组织或者安排未成年人从事不宜未成年人参加的劳动、体育运动或者其他活动造成的幼儿伤害事故,幼儿园应当依法承担相应的责任。在本案例中,幼儿园组织幼儿在公开开放的游乐场地活动,应当说并无不妥。(二)幼儿园在组织活动前和活动中,应当向幼儿进行安全教育。《学生伤害事故处理办法》第五条规定,教育机构应当对学生进行必要的安全教育。虽然幼儿年龄较小,但《幼儿园工作规程》第十六条第二款也规定了"应加强对幼儿的安全教育"。在本案例中,幼儿园是否做了这方面的工作不得而知。(三)幼儿园组织园外活动时,幼儿园的教职员也应当履行相应的安全保护职责。《学生伤害事故处理办法》第五条规定,幼儿园应当针对年龄、认知能力和法律行为能力的不同,采用相应的预防措施。第九条第四项规定,组织未成年人参加教育教学活动或者校外活动,未在可预见范围内采取必要的安全措施,造成伤害事故的,幼儿园应当承担相应责任。在本案例中,幼儿园园长在发现活动的安全保护人员不足时,安排本园随行教师参与幼儿保护工作,应当认为是履行了职责。(四)如果园外活动中发生了事故,不论是否为幼儿园方面的过错所致,幼儿园的教职员都应当积极救助,这也是保教职责的要求。《学生伤害事故处理办法》规定，幼儿受到伤害，幼儿园发现但未根据实际情况及时采取相应措施，导致不良后果加重的，幼儿园要承担相应的责任。而本案例中幼儿园工作人员发现孩子的伤情后，及时与其他相关人员将其送往医院救治，也表明幼儿园尽到了职责。

26.教师变相体罚、辱骂及殴打学生

案例：

某中学，一名女学生因为上课迟到，被老师要求在午休时到操场跑圈，跑了几圈女生感觉身体不适，就没继续跑。到了下午上课的时候，老师在全班通报批评女生，并对女生进行了辱骂。下课后，该女生气愤不过，说了一句脏话。这名老师得知后，把她带到教学楼后面的胡同里，揪着她的衣领，对她进行殴打。当天晚上，该女生就住进了医院。

专家解析：

根据我国的教育原则，教师在教育教学工作中既要严格要求学生，又要尊重学生，绝对禁止体罚或者变相体罚学生。我国《义务教育法》第二十九条第二款规定："教师应当尊重学生的人格，不得歧视学生，不得对学生实施体罚、变相体罚或者其他侮辱人格尊严的行

为,不得侵犯学生合法权益。"上述案例,教师让学生跑圈的这种变相体罚行为,及对她的殴打,明显违反了《义务教育法》的规定。但是,该教师对这名女学生的行为,虽然是个人行为,毕竟是该教师在教育教学工作中履行职责时发生的,因此该教师行为的后果应由学校承担,包括向该女生赔礼道歉,以及相应的民事赔偿责任。教育部制定实施的《学生伤害事故处理办法》第九条规定,对"学校教师或者其他工作人员体罚或者变相体罚学生,或者在履行职责过程中违反工作要求、操作规程、职业道德或者其他有关规定"所造成的学生伤害事故,学校应当依法承担相应的责任。

27.寄宿生擅离宿舍毙命校方未能及时发现

案例:

  某年冬天,某省一中学的13岁的寄宿女生,在下晚自习后离开学校,当晚宿舍管理教师发现她不在宿舍后,没有向学校报告也没有通知该学生的家长,两天后一牧羊人发现了她已被冻僵的尸体。

专家解析:

  在本案例中,宿舍管理教师没有将女孩离校的消息通知其监护人,学校没有尽到教育、保护、管理的职责,根据《中华人民共和国预防未成年人犯罪法》第十六条规定:"中小学生旷课的,学校应当及时与其父母或者其他监护人取得联系。"《处理办法》第三十四条(十三)项规定,学校应当承担相应的法律责任。从这则案例看出:学校必须建立点到制度,并做好记录,发现学生擅自离开学校或未到校及时报告学校领导和告知家长,尽到教育、保护、管理的义务。

28.学生参加大课间活动结束回家后发生意外

案例:

某日下午,某市第一小学根据市教育学会、市教研室下发的关于进行小学大课间活动评优的通知精神,按期组织全校学生进行大课间活动,活动内容是广播操比赛。学校在比赛结束后放学,比平时正常放学时间稍早。五年级男生藏某与另一同学王某一起回到家里换上凉鞋后,前往附近的大沙河洗澡,不幸身亡。事故发生后藏某的父亲与藏某所在学校市第一小学就藏某善后处理事宜协商不成,便一纸诉状将学校推上了被告席。藏某的父亲认为,藏某13岁,属于民法上的限制民事行为能力人,在学校学习期间,学校负有监护职责,校方不遵守学校作息制度,提前放学,在天气炎热情况下,特别是在进行广播操比赛后,未加强对学生安全防范教育,藏某溺水身亡与校方失职有直接的因果关系;事故发生后,学校又极力推卸责任,校方的失职给学生家庭造成巨大损失;校方推脱责任的态度,又使学生家长精神倍受创伤。因此,藏某的父亲以法定代理人身份向市人民法院提出诉讼请求,要求被告赔偿被害人藏某的死亡补偿费 20000 元,殡葬费 4500 元,误工补贴 1800 元,交通费 300 元,精神损害赔偿费 60000 元;合计 86100 元。

专家解析:

中级人民法院根据上诉人的请求,认为上诉人第一小学根据市教委的安排,于某日下午组织全校学生参加大课间活动,活动结束后,于 16:00 左右放学。根据《小学管理规程》的有关规定,应属于正常调整放学时间。上诉人对被上诉人之子藏某之死无过错。上诉法院作出了如下终审判决:1. 驳回被上诉人的诉讼请求。2. 案件受理费 400 元,由上诉人市第一小学承担 200 元,被上诉人承担 200 元。从本案审理过程看,上诉法院认为,学校组织学生参加大课间活动结束时间比平时放学时间早,属于学校正常调整放学时间,不是提前放学,藏某的溺死发生于放学之后,超出学校管理活动时间范围,与学校教育教学活动没有联系,学校因此不负责任。这里的问题是:学校比平时放学早,是不是"提前"放学?放学时间早晚与学校对藏某的死亡责任承担有何联系?本案中,原告用学科课(室内课)的时间来判断学校活动课的时间,所采用的标准不适当。因为活动课的作息时间是相对独立的,是根据活动课的具体内容决定的。活动课的起始时间不能以平时的学科课作息时间来限定,否则,这类活动就无法组织开展。活动课的时间,有的是可预知的,有的则不能明确。用固定不变的学科作息时间作标准来判断相对独立的活动课作息时间是否合理、规范,标准、前提采用的错误,必然造成结果、结论的荒谬。但强调活动课的时间相对独立,并不是说活动课的时间就可随心所欲、不负责任地安排。

29.被教师变相体罚后武力报复班长

案例:

某日下午,某中学初三(2)班学生马某上自修课时吸烟,并且大声喧哗。班长陆某指出其错误,并要求马某立刻改正。马某不服,当即用粉笔扔陆某。陆某找来班主任处理此事,班主任严厉批评并教育马某,随后罚马某做掌上压100次。马某愤怒至极,大肆侮辱和恐吓班主任,随后跑离学校,并找来社会上的人员在校门口乘放学之时,将陆某殴打致伤,并且就此自动退学。

专家解析:

马某的行为是错误的。第一,上课吸烟,大声喧哗是违反学校课堂纪律和中学生日常行为规范的。第二,向陆某扔粉笔,找人殴打其致伤,属于不服从管理和侵犯了他人人身安全权利的行为。第三,大肆侮辱,恐吓班主任,是不服从教育,并侵犯了他人人格尊严和人身安全权利的行为。第四,自动退学行为违反了《义务教育法》。陆某指出马某的错误并要求其改正,在其处理不了时,找班主任协助处理是履行班长职责和协助班主任工作,是正当的。班主任向马某提出严厉批评和教育是履行教育工作者的职责和义务,是正当的。但罚其做掌上压100次,属于变相体罚学生,是违反《教育法》的行为。

30.后进生如何合法管理

案例:

　　某校初三(6)班学生秦某,经常上课迟到、早退、不按时完成作业甚至逃学,班主任和学校政教处领导多次找其谈话,但秦某不思改正。某日,秦某的数学老师晚自习坐班,见秦某抱头大睡,便叫其站起来。秦某不肯,并顶撞老师。数学老师于是用手去拉秦某,遭秦某反抗与辱骂,在无法忍受的情况下,数学老师掴了秦某两记耳光。当天晚上,秦某电话通知其家长,声称在校被老师暴打。经医院CT检查,秦某脸部肌肉组织受损。于是其家长召集一些家族中人到校,要求学校处分该数学老师,向学生赔礼道歉,并支付全部医药费。最后,学校向秦某家长赔礼道歉,赔偿了医药费,并给数学老师行政警告处分。

专家解析:

这个案例是由于教师教育不当、体罚学生导致的学生伤害事故。按照我国法律规定,学校有责任保证学生在校期间的正当权益不受损害,如《中华人民共和国教育法》第三章第二十九条第三项明确规定学校有义务"维护受教育者、教师及其他职工的合法权益",《中华人民共和国义务教育法》第四章第二十九条也明确规定,教师"不得歧视学生,不得对学生实施体罚、变相体罚或者其他侮辱人格尊严的行为,不得侵犯学生合法权益"。因此,学校及教师应采取科学的方法对学生实施教育,以保证其在校期间的身心健康。

31.教师患有间歇性精神障碍造成的伤害事故

案例:

某市某小学一年级学生小明(化名),因"未完成"布置的作业,被班主任马老师用拳头猛捶前胸,并用小刀割破右手手指。事后,只要一提起学校和老师,小明就大哭不止,捶头撞墙,双手抽搐,医院确诊为急性应激障碍。目前,马老师已被调离班主任岗位,暂时不安排工作。经查马老师患有间歇性精神障碍。

专家解析：

《教师资格条例实施办法》第八条第三项规定："申请认定教师资格者的教育教学能力应当符合下面的要求，即具有良好的身体素质和心理素质，无传染性疾病，无精神病史，适应教育教学工作的需要，在教师资格认定机构指定的县级以上医院体检合格。"由此可见，学校知道教师或其他工作人员患有不适宜担任教育教学工作的疾病，且未采取必要措施的情况下造成的伤害，依法承担相应责任。学校有责任查明其所管理的教师或其他工作人员是否患有不适宜担任教育教学工作的疾病。在上述案例中，若学校明知该老师患有间歇性精神障碍，仍然安排其从事教育教学工作，对此造成的伤害事故，学校应依法承担相应的责任。

32.校门大开走进精神病人杀害学生

案例：

某天课间操时分，校门大开的某地某学校，走进一个西装革履的男子。没有人询问他是谁？要干什么？于是，他大摇大摆地走进学校二楼教室，一个学生恰好从他身边经过，被他抓起来扔下楼，学生当场死亡。经法院查明，该男子患有精神病。学校被判决承担安全责任,对该学生家长给予大额经济赔偿。之后,该校校长被撤职。依据《校园安全管理条例》第十一条:"学校实行外来人员出入登记制度。非学校人员和车辆未经学校同意不得进入校园。任何人不得将非教育教学活动所需的有毒有害物品、易燃易爆物品、管制刀具、动物及其他危及人身安全的物品带入学校。"

专家解析:

以上案例显示,该学校在安全、保卫等安全管理制度上,存在明显的疏漏,在学校门口,既没有值勤保卫人员把守,对非本校人员进入校园,也未有建立规范的登记、询问制度,致使学生受到意外伤害,学校因此负有不可推卸的责任。目前,一些学校的安全管理,存在"以貌取人"的现象,这是不对的。安全管理必须有规范的制度约束,才能真正保障安全。在个别地区,就曾发生过心怀不满的家长,利用学校门卫管理制度松散情况,伺机进校施加伤害的事故,应该引起学校的重视。

33.小学生无休吵闹教师用胶带封口

案例:

某市第一小学三年级(1)班的学生,在一次早读课时吵闹不休,老师一怒之下，罚全班同学用胶带粘住嘴巴。此事引起了学生家长的强烈不满，部分被罚学生的家长纷纷到教育局投诉。小孩子上课吵闹是不应该，但也不是什么滔天大罪，老师这样做，不仅使学生肉体上受到伤害，心灵上也从此蒙上一层阴影。

专家解析：

从这个案例中可以看出，不管是体罚，还是变相体罚，都是一种侮辱人格的行为，这种行为对未成年学生造成严重的后果，不利于他们的健康成长，会挫伤他们的学习积极性，伤害他们的人格尊严，导致他们与教师关系的恶化和对立。有时由于涉及人身伤害，还会造成学生家长与学校对簿公堂，导致学校与家长间的关系趋向恶化，学校教育与家庭教育形不成合力，不利于双方之间协调起来共同对孩子进行良好的教育。

教师体罚或变相体罚学生，也不是一朝一夕形成的，引起这种现象的原因是多方面的。首先，是中国教育的传统观念所致。一直以来，家长对不听话的孩子大都是采用暴力方式来进行教育的，认为"不打不成材"，"严师出高徒"，"打是亲，骂是爱，不打不骂易变坏"。在这种传统观念影响下，教师对学生实施体罚就理所当然了。其次，是教师自身的品德修养和心理素质方面的问题。有些教师觉得自己收入低，在社会上没有地位，白学那么多知识，因而产生了万事不如意的感慨，一旦遇到不顺心的事，就向学生发泄。最后，是应试教育所带来的一种负面作用。有些学校领导认为，只要能把学生的学习成绩搞上去,不管用什么方法都行,甚至暗中支持和鼓励体罚或变相体罚学生的做法。我国《未成年人保护法》第十五条明确规定:"学校,幼儿园的教职员应当尊重未成年人的人格尊严,不得对未成年学生、儿童实施体罚、变相体罚或者其他侮辱人格的行为。"我国《义务教育法》也规定:"禁止侮辱,殴打教师,禁止体罚学生。"如此可见,教师在教育学生时不是可以为所欲为的,而是应当遵守法律,认真履行其职责的。总之,教师应当切记,教育学生的利器是爱,一切从学生利益出发,耐心细致,循循善诱,苦口婆心,而不是罚,不是体罚或"心罚"。

34.学生之间打闹造成伤害

案例:

陈某和贺某都是某小学三年级学生。某日,他俩由老师安排到教师办公室做作业。上课预备铃响过后,老师让他们回教室上课。两人走到走廊时,陈某突然顽皮地从身后一把将贺某拦腰抱住。贺某没能挣脱,随即用手中的铅笔向后戳去,陈某"哎呀"叫了一声,双手捂住眼睛蹲了下去,指间渗出鲜血。贺某赶紧回办公室叫来老师,将陈某送到学校医务室。卫生老师为陈某进行了简单的伤口包扎,同时通知了陈某的父母。当天，陈某的父母把他送到儿童医学中心进行诊治。随后，陈某住进眼耳鼻喉科医院，接受右眼巩膜修补术。医学院法医系为陈某的损伤程序进行评定，结论为右眼损伤后视力下降为 0.4，矫正后可达 1.0，构成轻伤。事后，陈某和贺某的家长就有关赔偿事宜进行调解，但未达成一致。陈某的父母以儿子的名义起诉，要求贺某赔偿医疗费、护理费、营养费、精神损失费等共计 2.7 万余元，并要求所在学校承担连带责任。

专家解析：

贺某用铅笔戳伤陈某的眼睛，侵害了陈某的健康权，应当承担赔偿责任。而陈某在上课铃响后抱住贺某，因而发生伤害事故，也有一定的过错。在本案中，陈某受伤是由于学生之间的打闹造成的，学校对学生的管理并无不当，所以原告要求学校承担连带赔偿责任缺乏依据和理由，法院不予支持。法院最后根据实际、合理原则，判决被告赔偿原告医疗费 1823 元、护理费 580 元、营养费 240 元等，原告其余诉讼请求不予支持。未成年的学生课间追逐打闹从孩子的天性来讲是不可避免的，从教育者的角度，也是正常的，不应当限制，学校未禁止学生的此类行为，并不属于管理的疏忽和过错。如果孩子的玩耍在正常的范围内，只是由于偶然的和难以防范的意外而发生事故，那么学校就没有管理的过错。但由于学生是未成年人，其对危险的认知和判断是有限的，学校和教师还是有义务制止他们明显的危险行为，如在危险的地方玩耍、以危险的方式游戏、以危险的手段玩笑等。如果学校、教师发现了而未及时予以制止,那么就应对事故后果承担部分责任。当然,对事故责任的判断是难以完全予以客观化描述的,关键还是以教师是否根据专业的知识、职业的道德,尽到了谨慎管理者的义务为依据,在具体的案件中应当具体地分析。

35.师与生校园动手均违规

案例:

某日下午,某中学的高一年级某班在第 6 节课的上课铃响之后,陆陆续续地只有 20 位左右的学生到了运动场上集合。体育教师黄某面对这种情况,就叫体育委员回教室通知没到的学生来上课。同时,他又吩咐几位班干部去学校体育室抬棉垫以及其他用来跳高的工具。剩余的学生便在教师的默许下在运动场上自由活动。几分钟过后,在教室里被体育委员叫来的学生和拿体育用具的学生都到了运动场。黄某便吹哨子集合,在其周边的学生已缓慢集合成队,但仍有一位学生在远处的沙池边上跳远。黄某用力吹了几下哨子,那位学生王某才小跑过来。在王某快要站回队伍时,黄某喝道:"站住!"并用狠狠地盯着王某。过一会儿,黄某问道:"你没听到老师吹哨子吗?为什么还慢慢地,大摇大摆地过来?"王某没回答,并用眼睛盯着黄某。黄某一看，火气就来了，拿着笔的右手一巴掌过去，"叭"地掴了一下王某。王某双手捂住左眼角弯下身子，突然，又直起身体，冲向黄某并抓住黄某的上衣，于是两人扭打起来。旁边的学生见状，迅速上前把他们两个拉开。王某转而离开操场去学校小卖部(商店)打电话通知其家长，继而又回到运动场，见黄某在训学生，便从路边拿上一块小砖头，快速走向黄某，将到时，举起砖头用力砸向黄某。黄某见状，迅速侧身一闪，迅即抓住王某的手，两人又扭打起来。旁边的学生又一轰而上，拖开两人。但这时黄某已怒极，奋力挣脱学生们的拖拉，向王某猛打。学生们拼力拉开两人，打架结束。黄某的上衣被撕破，背后有两处伤痕；王某左眼角黑肿有淤血，左腿上有两处淤血。王某的家长来到学校后将王某带往医院检查，院方要求住院观察 3 天，诊断结果是有轻微脑震荡。王某的家长要求黄某赔礼道歉并赔偿住院费和营养费。学校没有处分老师黄某，但支付了王某的住院费和医疗费，并对王某作出了记过一次的处分。第二学期，王某自动退学。

专家解析：

《教师法》第三十五条规定："侮辱、殴打教师的，根据不同情况，分别给予行政处分或者行政处罚；造成损害的，责令赔偿损失；情节严重，构成犯罪的，依法追究刑事责任。"王某殴打教师是错误的，应赔偿教师黄某的损失。教师黄某对待王某的态度和先动手打人是不对的,是违反《教师法》的规定的,也是引发这次事件的主要原因之一。因为对学生坚持正面教育,是所有教育工作者必须遵循的一条重要的教育原则。对于有缺点,有错误的学生,要深入了解情况,分析原因,满腔热情地做好他们的思想转化工作。对于极个别屡教不改,错误性质严重,需要给予纪律处分的学生,也要进行耐心细致地说服教育工作,以理服人,不能采用简单粗暴和压服的办法,更不得体罚和变相体罚学生。《教师法》也规定了教师不得体罚或者变相体罚学生。对于体罚或者变相体罚学生的教师,所在学校,其他教育机构或教育行政部门,必须及时进行批评教育,帮助他们认识和改正错误,并视情节给予行政处分或者解聘。对于情节极为恶劣,构成犯罪的,要依照《刑法》的规定追究刑事责任。

36.因学校建筑物质量问题引发学生伤害事故

案例：

某日下午,某校初三(3)班学生正在上物理课,突然教室天花板上约2平方米的泥沙片脱落,砸到该班学生李某头上,导致其当场休克。学校闻讯后立即派校医对李某进行紧急救护,后又将其送至医院检查、治疗,并将情况及时告之学生家长。经诊断,李某为中度脑震荡,家长要求学校支付其全部医药费,理由是学校建筑物存在安全隐患,理应承担全部责任。最终学校支付了李某医药费 2370.18 元。

专家解析:

本案例是一起因学校建筑质量问题引起的学生意外伤害事故。依据教育部办公厅《关于做好学习宣传、贯彻实施〈学生伤害事故处理办法〉工作的通知》与某某省教育厅《学生伤害事故处理办法》实施细则第十二条规定,"学校有责任和义务确保学生在安全的环境下学习生活"。因此,一旦因学校建筑质量问题引发学生伤害事故,学校都应承担全部责任。据悉,事故发生时的教学楼是"普九"时期的产物,那时工程存在质量问题的现象也比较普遍。上述事故发生后,该校对"普九"时期的建筑物进行了一次普查,排除了所有隐患,以防事故的再次发生。

37.学校床铺无护栏学生私自调换上下铺摔伤

案例:

现年 14 岁的王某是某某县某某乡某学校初一（2）班住宿制学生。某日晚,一直睡在铁床下铺的王某与同学调换床位,睡到了上铺。次日凌晨2时许，熟睡中的王某从1.6米高、没有防护栏杆的上铺翻滚跌落，头部着地，受伤昏迷长达近4个小时，天亮后才被同学发现。王某被紧急送往该县人民医院抢救治疗后，医院诊断为颅底骨折、左侧周围性面瘫。经相关部门鉴定，王某的伤残等级为九级伤残。王某家人将学校起诉到法院，要求学校承担包括医疗费在内的各种费用。庭审中，当事双方对"王某没有在学校安排的下铺睡觉，其在没有护栏的上铺睡觉系私自所为"这一事实均没有异议。事故发生后学校是否应承担责任以及承担何种责任等问题，成为双方争议的焦点。

专家解析：

原告王某作为限制民事行为能力人，其在学校住宿时，被告某某乡某学校应当排除各种不安全因素，尽到安全注意义务。本案中，学校提供的铁床没有安装护栏，违反了《学生伤害事故处理办法》的相关规定，进而导致原告王某从床上滚落并摔伤，被告因此应该对王某所受伤害承担主要过错责任。同时，原告王某对于在没有护栏的上铺睡觉的危险性应该具有一定的认识，况且其没有在学校安排的床位上睡觉，而是私自换到上铺，因此对事故的发生也有一定的责任。据此某某省某某县人民法院认定该生属于限制民事行为能力人，其在校住宿期间，学校应当排除各类不安全因素；学校未能尽到安全注意义务，致使学生在校期间受到人身伤害，应承担70%的赔偿责任。

38.幼儿园游戏中意外伤害

案例：

　　未满5周岁的陈某就读于某市某幼儿园托C班。一天下午3时许，陈某和小朋友午睡后在老师和保育员的带领下一起来到户外做游戏。考虑到幼儿们尚无充分的自理能力，老师选择了在铺设塑胶地毯的场地上进行活动，并在游戏开始前详细讲解了游戏的规则。随后，与小朋友们围坐成圆圈开始做"丢手绢"的游戏，当陈某手持手绢起身向其他幼儿走去时不慎摔倒，陈某左手受伤当即疼痛不止。幼儿园一边通知陈某的家长，一边随即将陈某送往最近的某某市某某区某医院急诊。经诊断，陈某左肘关节肱骨髁上骨骨折。之后，陈某又被转送至市医院进行住院治疗。陈某出院后，其父母委托某政法大学司法鉴定中心对陈某的伤残等级及营养、陪护期限进行了鉴定。经鉴定，陈某因外力作用致左肘关节肱骨髁上骨骨折累及骨骺，现左肘关节活动受限，评定十级伤残，酌情给予（含二期取内固定术）伤后营养3个月，陪护3个月。后因双方对赔偿事宜协商不成，陈某由其父母代理向法院提起诉讼。

　　法庭上，对于陈某受伤一事幼儿园是否存在管理疏忽，成为法庭审理的焦点。

　　陈某的父母认为，自己本来是冲着被告拥有较好的师资和较为完善的教学配套设施，才想方设法将陈某送进来。由于陈某尚未满5周岁，显然不具备独立照顾自己的能力，且相关法律法规也规定了未成年人在校上学期间，学校或者幼儿园具有保障未成年人不受侵害的义务。现陈某在学校组织游戏过程中受伤，陈某自身并无过错，作为负有安全保障义务的幼儿园显然存在管理疏漏，应该承担全部的赔偿责任。幼儿园应赔偿除已经支付的医疗费之外的伤残赔偿金、营养费、律师费、精神损失费等各项费用共计七万余元。

　　被告幼儿园则大呼冤枉，其辩称幼儿园各项管理工作一向规范，学校组织陈某做的"丢手绢"游戏是根据教育局备案的情况进行的，完全属于陈某的认知和体力能力所能承受的范围。为提升孩子们的身体素质、锻炼他们的团队协作能力，幼儿园会有选择的组织一些安全性较高的户外游戏，并在场地的设置和老师人数上均作出安排，陈某的跌倒属于瞬间发生的意外事件，幼儿园已经尽到充分的注意义务，不应再承担责任。

专家解析：

　　《教育法》《未成年人保护法》以及《上海市中小学学生伤害事故处理条例》明确规定，学校与学生之间是法定的教育管理关系，学校对未成年学生负有教育、管理和保护职责。本案中，被告托C班幼儿午休后在老师和保育员的组织下进行户外游戏并无不当，而且"丢手绢"游戏为我国传统类游戏,该游戏主要训练幼儿的走、跑及反应能力,并未超过幼儿正常的认知能力和体力能力。考虑幼儿做"丢手绢"游戏时一直处在运动的状态之下,故幼儿园提供铺设了塑胶地毯的场地做游戏,对可能存在的各种不安全隐患作了充分的防备。在整个游戏过程中,老师和保育员未擅离职守,已尽到了相应的注意义务。原告受伤后,被告及时通知家长,并在第一时间将原告送至医院进行治疗,说明被告已积极采取措施救护受伤学生。可见,被告对原告受伤的损害后果并无过错。原告在做"丢手绢"游戏中不慎致损害事实的发生,属意外事件。

根据相关法律规定,当事人对造成损害都没有过错的,可以根据实际情况,由当事人分担民事责任。法院根据公平责任原则,结合案件的实际情况,酌定被告幼儿园分担原告50%的损失。据此,法院判决被告某幼托机构赔偿伤者4万余元。

39.学生打雪仗造成伤害

案例:

某日,高中生李某在操场与同学打完雪仗准备返回教室上晚自习时,被同学从后面抱起扔在雪堆上,造成李某身体受伤。随后,李某被老师送往医院进行治疗。共计支付医疗费 2 万余元。

随后,李某的母亲多次找到学校及致害学生家长,要求赔偿医疗等费用。但均遭到学校的推脱,学生家长也找各种理由不予赔偿。经多次协商未果,李某母亲故将学校及致害学生诉讼至法院。

专家解析：

致害学生有过错应承担法律责任,但学校没有尽到安全管理义务,对于打雪仗等存在危险的行为没有及时予以制止,也应当承担补充责任,但考虑到学校与学生,学生与学生之间关系特殊性,努力想通过调解解决,经多次调解,三方达成赔偿协议:致害方一次性支付医疗等费用 2 万元,以后不在追究致害方及该高中的法律责任。

根据教育部《学生伤害事故处理办法》规定第十条,当学生在校园学习或者课余休息时间, 发现学生打雪仗等危险行为没有予以及时制止,并造成受伤等法律后果,学校应当承担相应的责任。而致害人由于自己的行为直接导致危害结果发生的,应当承担主要赔偿责任。

40.以学业成绩来衡量判断学生造成侵害

案例：

某日日, 某市某小学开学了。这所学校又迎来了一批一年级新生。在入学后的最初几个星期里，一(6)班的学生小亮(化名)就感到，他和别的孩子有些不同：其他孩子能够很容易地把单个字母拼成音节并且朗读出来，而他不知为什么要费很大的力气才能把这个字母跟另一个字母分辨开来；别的小朋友只要把一首关于美丽的秋天的短诗用心地听两三遍就能记住，可是他无论如何都记不住。班主任高老师专门为他一个人把那首短诗一连读了好多遍，他也用心地记忆，尽力回想那些词句，但是……还是徒劳无功。这使小亮感到很纳闷：这学习比起他打乒乓球来可大不一样了，他在四岁时就开始跟专业教练学打乒乓球，到现在差不多两年时间了，他的球技也是突飞猛进，推挡搓拉，一招一式，有板有眼，连打过多年乒乓球的大人都自愧不如，都说这孩子肯定很有出息，打球很有悟性。

　　从开学到现在，只要一提到学习，小亮的脑袋简直要炸开了。高老师在他身边愤怒地叫道："为什么你不好好学习？像你这样，我要花多少时间给你补课？你如果考不及格，我们整个班级都要受你的拖累！我的脸往哪儿搁？"；"全世界只有你最笨！"小亮全身瑟缩着，愁眉苦脸地站在那里。高老师利用课余时间为小亮补课，同时给他的家长提出了忠告。小亮面对教科书一筹莫展，一周又一周，一月又一月过去了。高老师竭尽全力地要把小亮拉到那个标志着平安无事的救命的分数线上来。小亮为此吃尽了苦头，他几乎没有时间去参加课外活动。只要高老师一有时间，就会把小亮请到办公室来对他进行"题海轰炸"，甚至连音、体、美等副科都不让他去上。高老师极富责任心：自己一个优秀教师，怎能允许班级出现如此"另类"扯后腿呢？不行！她要对学生负责！就这样，小亮十分艰难地学完了一年级。然而，小亮的成绩并没有因为高老师的呕心沥血而给她面子，依旧没有达到预定目标。

在校务会上，高老师介绍自己班级情况时，列举了这一年对小亮的种种特殊关照和所花的精力，在座的领导、老师无不为之动容。高老师所做的努力，大家有目共睹。最后，大家一致认定小亮是一个"智障"孩子，应该留级或者送往特殊学校。校长说："我们没有权力决定，但是如果孩子的家长主动提出……"于是，高老师亲自登门，对小亮的父母进行了一番语重心长的善意的建议："小亮智力你们心中也有数，这一年我们的努力，你们也看到了，如果让孩子升学，他的基础不牢固，跟不上其他孩子，会越来越差，随着年龄的增长，他会越来越自卑，不如让他再把基础打牢些。我也知道，如果让你们把孩子送到特殊学校去读书，对你们，对孩子影响都不太好……我们十分尊重孩子及你们家长的意愿，如果觉得这样对孩子有好处，你们就向学校提出书面申请，我想学校会考虑你们的意愿的。"就这样，小亮的父母接受了老师善意的建议，经过一个假期的考虑，第二年开学初，小亮的家长向学校递交了一封言辞恳切的重读申请书。细心的教导主任慎重地将这封意愿书收藏在学校档案中。事情并没有就此结束。

小亮的家长不相信自己的儿子智力上存在问题，因为儿子打乒乓球就是一个最有力的证明，入学不到一个学期，代表学校参加市里乒乓球比赛还拿了冠军。于是，小亮的爸爸带小亮去专门的测试机构作鉴定。鉴定结果，小亮的智力正常，根本不属于"智障"。而且，通过咨询，小亮的父母也得知孩子没必要重读。小亮的父母不甘心自己的孩子从此被贴上"弱智"的标签，将学校及小亮的班主任高某起诉到司法部门，要求学校停止侵权、伤害行为，向小亮赔礼道歉，恢复小亮的名誉，消除不良影响。

专家解析：

　　这是一起严重违反《义务教育法》的案件。在大力倡导素质教育的今天，仍然以学业成绩作为唯一的尺子来衡量判断学生，显然是教育观念的落后造成的。在学校与学生之间，学生一直处于弱势，判决中法庭应当支持原告的大部分诉求，支持弱者的正当权益，体现法律的公正性。案件中老师以"补课"为名剥夺学生参加其他活动的权力，剥夺学生学习其他课程的机会，是对学生平等教育权、身体健康权、发展权的严重侵害。法庭应在判决书中作出明确的判断，并在最后判决中判令被告停止侵害，并保证不再发生类似侵权。从教育的角度来看，个别教师由于工作的压力，一心只想自己教的学生成绩是一流的，一旦遇到像小亮这样的学生时就犯急躁病，言辞过激，什么"弱智""你真笨啊"全来了，甚至有的还出手打人，这就严重侵犯了儿童的合法权益。鉴定儿童是否弱智需要专门权威机构，学校要慎重。再者，著名的学者霍华德·加德纳提出的多元智力理论值得大家尤其是教师们去好好学习，评价一个学生不是仅凭一张简单的考卷就可以的,多一把衡量的尺子,就多一批另类的人才。人的智力是多元的,有的人在音乐方面较突出,有的人在体育方面较突出,小亮同学就是一个典型的例子。

41.体罚学生可以吗

案例：

某中学某班一些老师因为学生没有完成布置的作业对学生进行体罚。英语老师让默写单词,默写不出一个就用细木板打手心一下。数学考试不好,就被数学老师用竹棍打手,有的学生的手都麻木了。班上四十多名学生几乎都被老师打过。英语老师也坦率地承认自己确实打过学生,那是因为上课的时候学生纪律不好,总是吵吵闹闹的,如果不让他们安静下来,会影响到别的同学学习。英语老师还强调不给学生施加压力,学生就不会有动力。

专家解析：

《中华人民共和国义务教育法》第十六条规定,禁止侮辱、殴打教师,禁止体罚学生。对违反规定的,根据不同情况,分别给予行政处分,行政处罚,情节严重构成犯罪的,依法追究刑事责任;《中华人民共和国教师法》第三十七条规定,教师有体罚学生,经教育不改的由所在学校、其他教育机构或者教育行政部门给予行政处分或者解聘。情节严重,构成犯罪的,依法追究刑事责任。

42.无意伤人责任谁负

案例:

一个十岁的小学生在早晨上学的时候无意中撞倒一位八十多岁的老太太。经检查,老人粉碎性骨折,已花去一万多元的治疗费,现在还在医院中,老人的家人还要继续住院,并提出相应赔偿。

专家解析:

根据《民法通则》的相关规定,十岁的未成年人属于限制民事行为能力人。可以进行与他的年龄、智力相适应的民事活动;其他民事活动由他的法定代理人代理,或者征得他的法定代理人的同意。根据《侵权责任法》第三十二条的规定,限制民事行为能力人造成他人侵害的由监护人承担侵权责任。未成年人的监护人一般是父母,应该承担责任,进行损害赔偿。需要注意的一点是,根据《侵权责任法》第二十六条,被侵权人有过错的可以减轻侵权人的责任。所以,如果老人本身有过错(如违反交通法规等行为),小学生的监护人可以减轻责任。

43.组织小学生上山采蒿孩子受伤害

案例：

某小学校长车某根据镇教育办的通知精神，通知部分学生上山采集白蒿。8岁的赵某到山上采白蒿时，不慎被荆棘刺伤左眼，被迫做白内障摘除术并更换人工晶体，花费医疗费3198元。赵某家长以响应学校倡议致伤为由，要求学校赔偿损失3.2万元。

专家解析：

依据《未成年人保护法》第二十二条之规定："学校和幼儿园安排未成年学生和儿童参加集会、文化娱乐、社会实践等集体活动，应当有利于未成年人的健康成长，防止发生人身安全事故。"学校在安排这些活动时，应当有利于未成年人的健康成长，防止发生人身安全事故。在本案中，一是学校组织学生参加教育教学活动或者社会实践等校外活动未按规定对学生进行相应的安全教育或者未采取必要的安全保护措施的。二是学校组织学生集体活动必须做到活动地点、活动内容安全。三是活动内容必须符合学生的身心特点，有利于学生健康。上山采集白蒿，显然不适合只有8岁的小学生参加。因此，对李某受到的伤害，学校应当依法承担相应的责任。学校在组织学生参加各种活动时,应全面考虑未成年人的身心特点,不得组织安排未成年学生参加其不适宜从事的活动,否则因此发生的伤害事故,学校应依法承担相应的责任。

44.加强管理防范意外

案例:

某市的曲某反映,自己上小学的儿子在校期间,和同学嬉闹过程中,被一块掉下的玻璃割伤了头部。虽然事情过去几个月了,但孩子额头却留下了一道疤痕。现在,曲某和学校就赔偿问题产生了分歧,事情一直拖到现在没有了结。

曲某说,她儿子李某在某寄宿小学上学。2010 年 9 月 30 日,李某的额头被一块从门头窗上掉下的玻璃割伤了头部,并且缝了几针。李某伤好后,额头却留下了一个几厘米长的疤痕。"我们想着回头把孩子的疤痕清除了,但学校现在却不给赔偿。"曲某说。

某寄宿小学的主任胡某讲述了事情发生的经过:2010 年 9 月 30 日中午 11 时 20 分左右,他正在校内巡视,有学生报告说李某受伤了。胡某到现场一看,李某头上鲜血直流,他立即开车将李某送到了医院,并垫付了医药费。给李某处理完伤口后,李某母亲曲某也赶到了学校。校方经与曲某协商，曲某同意让李某回家输液并进行后期治疗。当时，胡某还当场给了曲某 500 元的治疗费。几天之后，曲某说李某头疼，经过学校的同意，李某到医院做了一个 CT。受伤后，李某前期治疗费共花 968.8 元。

后来学校调查得知，李某受伤的时候是课间休息时间。比较调皮的李某和另一名同学搬动课桌，将教室的门堵住，不让别的同学进出。两名女同学打饭回来后，看到教室门被人堵住，就用力推门，并踹了几脚。没想到窗户上的一块玻璃被震了下来，正好落在李某的头上，将李某割伤。

胡某说："我们没想到李某的家人后来会要那么多赔偿。事情发生后，在学校的协调下，当事学生的家长同意给些赔偿，但李某家人开口就要 1 万元，后来虽然降到了 9000 元，但还是令人无法接受。"

"孩子在我们学校出的事，我们学校肯定有部分责任。但对方要那么多，学校和家长都接受不了。我们希望能有相关部门将责任划分一下，如果是我们学校的责任，我们一点都不会推卸。"胡主任说。

专家解析：

李某在上小学，年龄较小，属无民事行为能力人，学校接受学生上学，就负有在校期间的管理责任。李某年龄小，自控能力差，学校应对其加强管理，而学校在课间活动时对学生的危险性行为未进行必要的管理、告诫或制止，致使学生在嬉闹时受伤，根据《中华人民共和国民法通则》和教育部《学生伤害事故处理办法》的有关规定，学校应当承担相应的责任。

45.厕所积水未及时清扫导致学生滑倒受伤

案例：

王某是某一所高中的高二学生,某日,他在上厕所过程中不慎滑倒摔伤,很长时间没能回学校正常上课。王某说,当时厕所地面上有很多积水,清洁工当时没有及时清理掉,否则他也不会滑倒受伤了。

专家解析：

《学生伤害事故处理办法》第九条规定,学校的安全保卫、消防、设施设备管理等安全管理制度有明显疏漏,或者管理混乱,存在重大安全隐患,而未及时采取措施,造成的学生伤害事故,学校应当依法承担相应的责任,学校对校园内的厕所负有安全管理义务,应当承担赔偿责任。

46.被家长训斥轻生谁担责

案例：

张某是某市郊区某中学的一位女学生, 由于该同学数学成绩较差，曾多次在放学后被老师留下补课，家长也从未提出异议，反而对老师表示谢意。这天下午，教师又将其与另外五位同学留下来补课，回家晚了半小时左右。在小学读三年级的弟弟因等不着姐姐来接，就自己一人回家了。张某回家后，没来得及解释。父母因为张某的弟弟是自己回家的，就大声训斥张某，并说了许多伤人的话。张某觉得家长太不近人情，太不理解自己，在遭到家长训斥后，一气之下，服下农药。经医院全力抢救，昏迷四天后苏醒，后又在市医院继续治疗了较长时间，用去医药费近万元。虽然保住了性命，但双脚不能站立，留下了严重的后遗症。面对巨大的医药费，家长多次到学校及保险公司进行交涉。家长认为，自己虽有责任，即不该训斥子女，但学校未按时放学也是造成张某没有接其弟回家的因素，故学校也应负责任。另外该生交过人身意外保险费，所以保险公司也应承担医药费及误工费等。

专家解析：

第一，学校对张某的自杀后果不承担责任。本案中，家长的要求没有法律根据，其理由有二：一方面是由于学校未按时放学，留该同学补课。无疑，一般来讲，学校都应按时放学，即使因特殊意外，调整了时间，也要将此告知学生家长。但是，由于该同学数学成绩较差，曾多次在放学后被老师留下补课，家长也从未提出异议。对此认为，正是由于学校的多次留下补课，而家长也未提出异议，这实际上意味着家长对学生晚放学一这事实的认可。另一方面是老师留下学生与学生的自杀并无因果关系,本案学生之所以自杀,关键在于其家长太不近人情,太不理解自己的女儿。因此,学校的留下补课的行为已得到了家长认可,这一补课行为并无不当,且与该生的自杀并无直接的因果关系,因此,学校对此不承担法律责任。

第二,根据我国《保险法》的有关规定,保险公司也不承担责任。该学生交过人身意外保险费,因而主张保险公司应承担医药费及误工费等,为此,家长的说法也没有根据。所谓学生意外伤害保险,是由学校组织投保,以在学校身体健康,能正常参加学习的学生为被保险人,以意外事故致残废或者死亡为保险事故,当保险事故发生时,由保险人按约定给付保险金的一种保险。根据我国《保险法》的规定,学生意外伤害保险中,保险人的免责事由包括:战争或军事行为;自杀、斗殴、酗酒、私奔、外流失踪以及犯罪、诈骗行为等事项。在本案中,由于该学生自杀服农药,此属保险公司的免责事由之一,因此保险公司对本案不承担法律责任。

47.恶意体罚造成伤害

案例:

某市某中学初一(2)班男生杨某在晚7时许,被校长崔某打左面部两个耳光,致使外伤性鼓膜穿孔,造成神经官能症、人格偏离,受害人以崔某和学校为被告,起诉到法院。经过几年的诉讼,几经反复,终于在近日得到最终判决,判令学校和易某赔偿各种损失31万元。

专家解析:

这是学校及其教师对学生进行体罚造成伤害的学生伤害事故损害赔偿案,学校作为被告承担赔偿责任的案例。根据《最高人民法院关于审理人身损害赔偿案件适用法律若干问题的解释》第七条规定,对未成年人依法负有教育、管理、保护义务的学校、幼儿园或者其他教育机构,未尽职责范围内的相关义务致使未成年人遭受人身损害,或者未成年人致他人人身损害的,应当承担与其过错相应的赔偿责任。因此,学校应当赔偿崔某的全部损失。

48.学校及时告知、妥当善后应对校园意外伤害

案例:

晚自习前,就读于某市中学初二的钟某在该校初二一班教室外的走廊上吃面条时,同学匡某(两人平时关系较好)与他开玩笑,在

其臀部打了一下,钟某生了气。陈某因与钟某、匡某均系好友,见状就去劝阻。钟某误以为陈某帮了匡某,就转怒于陈某。后来,陈某正在看书时,钟某手持一把私自带到学校的带套西瓜刀走到陈某面前,向其左膝一刀刺去,陈某的左膝鲜血直流。

其他同学立即护送陈某到该市人民医院住院治疗,医生诊断为:左髌骨上缘韧带部分断裂、左膝刀伤,用去医疗费6590元。其间陈某在其父母陪护下,到医院做检查,医生鉴定为:左侧膝关节MRI平扫未见明显异常。事后,陈某及其监护人向市人民法院提起诉讼,要求钟某及其监护人赔偿其医疗费7145元、护理费1866.66元等,共计19158.16元。根据钟某及其监护人申请,法院追加钟某和陈某就读的某中学为第二被告。钟某及其监护人辩称,钟某致伤陈某是事实。陈某对该事故的引起负有责任,同时,学校负有教育、管理之责,也应承担相应的责任。陈某主张的损失中,有扩大治疗的情况,因伤误学产生的费用和精神损害抚慰金没有法律依据,该损失不应赔偿。学校称,陈某受伤后,学校随即通知了双方家长,通报了情况,并安排了陈某到医院治疗和进行了看望。并在培优补差教育活动中,学校对钟某数次进行了教育。学校尽到了教育管理的责任不应赔偿陈某的损失。

专家解析:

公民由于过错侵害他人人身的,应当承担民事责任。钟某未能处理好同学间的关系,遇事不冷静,致伤陈某,应当承担赔偿责任,由于钟某属于限制民事行为能力人,该民事责任依法应由其监护人承担。在该事故中,陈某没有故意或重大过失,不应减轻赔偿义务人钟某的赔偿责任。该事故是发生在校园内的学生自由活动、休息时间,此时是通过校规校纪、中学生日常行为规范和中学生守则来约束学生,无需教师亲自直接管理和保护学生。事故发生后,学校及时与学生家长取得联系,并积极施救,避免了不良后果的加重和损失的扩大,最大限度地履行了教育、管理、保护的义务,对事故的发生没有过错,钟某及其监护人提出的学校也应承担赔偿责任的理由不能成立,不应支持。最后法院判决:由钟某赔偿陈某医疗费等费用共计 13106.38 元。同时,驳陈某的其他诉讼请求。

学校与学生之间的关系是教育关系,按照《教育法》《未成年人保护法》的相关规定,学校履行的是教育、管理、保护职责,不是监护职责,如果学校未尽职责范围内的相关义务致使学生遭受人身伤害的,应当承担与其过错相应的赔偿责任,反之则不。在本案中,如果学校缺乏安全教育的措施和制度,属未尽教育之责;如果学校明知学生携带管制刀具进校或明知学生打架而不制止,属未尽管理之责;如果学校获知学生受伤后不及时告之家长和采取积极措施导致不良后果和损失扩大的,属未尽保护之责。以上种种情况,一旦造成后果,学校即应承担与其过错相当的赔偿责任。

49.6 岁男童开车将人撞伤

案例：

张某将自己的电动三轮车停放在公路上，未拔下车钥匙。谭某（6岁）在无人监护看管的情况下将电动三轮车开走，将在电动三轮车前玩耍的无监护人看管的王某撞伤（3岁）。经治疗，王某共花费医疗费14000元。事后，王某的家长找到张某协商赔偿事宜。张某则认为，自己不应当承担责任，因为王某的损伤是由谭某开车造成的，应由谭某承担全部责任。而王某的家长认为，张某与谭某应共同承担对王某的赔偿责任。那么，究竟谁应该赔偿呢？

专家解析：

张某和谭某应当承担赔偿责任。张某将未拔下车钥匙的电动车停在公路上，违反了《道路交通安全法》第二十二条关于"机动车驾驶人应当遵守道路交通安全法律、法规的规定，按照操作规范安全、文明驾驶"的规定。同时，张某作为一个成年人，有能力预见且应该预见未拔下车钥匙有可能会发生一定的危险，而其放任了此种危险的发生，在未将车钥匙拔下的情况下，将车停在路边，疏于管理，最终造成了危害结果的发生，故其应当承担过错责任。谭某的监护人对未成年人疏于监护,应承担赔偿责任,根据《道路交通安全法》第六十四条"学龄儿童以及不能辨认或者不能控制自己行为的精神疾病患者、智力障碍者在道路上通行,应当由其监护人、监护人委托人或者对其负有管理、保护职责的人带领"和《民法通则》第一百三十三条第一款"无民事行为能力人、限制民事行为能力人造成他人损害的,由监护人承担民事责任"的规定,谭某显属无行为能力人,在监护人缺失监护的情况下驾驶张某的电动车,其造成的后果理应由其法定代理人承担相应的赔偿责任。

50.学生服用豆奶细菌超标集体中毒

案例:

东北某地11所学校的2300多名学生发生集体中毒事件,起因是某公司向学校提供的、并且学校要求学生必须服用的豆奶中的志贺氏杆菌超标,因而造成学生产生恶心、呕吐、腹痛、发烧等症状。

专家解析:

本案是学校责任,并给我们的教训是:一是学校向学生提供的食品、药品、饮用水、教学用具及其他物品不符合安全、卫生标准的。二是食堂采购必须实施定点采购和食品留样制度。三是学校的食堂必须具备开办的条件,达到区里规定的考核量化标准。凡是学校向学生提供的药品、食品、饮用水等不符合标准,造成学生伤害事故的,学校都应依法承担相应的责任。学校可根据《处理办法》第三十八条规定:"其他单位和个人为学校提供产品与服务造成学生安全事故的提供产品与服务的单位和个人应当承担损害赔偿责任;学校已先行支付赔偿费用的应当向提供产品与服务的单位和个人行使追偿权。"

51.校舍突然坍塌造成严重的学生伤害事故

案例:

　　某小学校的学生课间休息时,在学校空置的教室内玩耍。下午1时40分左右,学生玩耍的教室房顶突然坍塌,造成1人死亡,3人重伤,18人不同程度的伤害。事故发生后,学生得到及时救治,所有受伤的学生病情得到稳定。

专家解析:

　　该学校的教室明显有不安全因素,同时,学校也没有采取有效的安全措施,以致学生能够在该不安全的教室玩耍而造成严重的学生伤害事故。学校有关人员的行为明显构成了教育设施重大安全事故罪,应当依照《刑法》的规定予以处理,同时,学校还应当对受害学生或其家属承担民事赔偿责任。对于刑事责任按照《刑法》进行处理。这里主要分析民事赔偿事宜。根据《中华人民共和国民法通则》第一百一十九条的规定:侵害公民身体造成伤害的,应当赔偿医疗费、因误工减少的收入、残废者生活补助费等费用;造成死亡的,并应当支付丧葬费、死者生前扶养的人必要的生活费等费用。可以肯定,学校对伤害事故应当承担民事责任,即学校是该伤害事故的赔偿主体。原因在于:第一,发生了严重的学生伤害事故,造成多人伤亡,即发生了严重的伤害后果。第二,学校没有能够对教室进行安全维护和采取安全措施保障学生免受伤害,学校的不作为行为明显违反法律的规定,违背法定的义务。第三,学校的不作为行为与损害后果有因果关系,是学校的不作为行为造成了学生伤害事故后果的发生。第四,学校存在主观过错。因此,学校对该事故承担责任,应当对学生的伤亡后果负责赔偿损失。总之,学校为本案的赔偿主体。这样,学校应当按照法律上的规定赔偿受伤亡学生的全部损失。

52.学校设施有疵瑕导致校园伤害

案例:

某中学的住宿生唐某到热水房去提水,在其接水时,锅炉发生爆炸。唐某来不及躲避，被开水泼溅到脸上及全身，造成大面积烫伤。学校迅速采取措施，对唐某进行紧急救助和治疗。后该学生脸部和身体留下大面积伤痕。

专家解析：

本案属于学校提供的学生生活设施存在安全隐患，而导致学生人身伤害的事故。学校负有为学生提供安全的教育教学设施和生活设施的义务。未尽到法律义务导致学生受到人身伤害的，应承担法律责任。本案中，学校存在不作为的违法行为，正是该违法行为造成了学生伤害事故的发生。根据《最高人民法院关于审理人身损害赔偿案件适用法律若干问题的解释》第七条规定：对未成年人依法负有教育、管理、保护义务的学校、幼儿园或者其他教育机构，未尽职责范围内的相关义务致使未成年人遭受人身损害，或者未成年人致他人人身损害的，应当承担与其过错相应的赔偿责任。本案中，学校锅炉发生爆炸，学校有严重的过错，学校应是赔偿主体。

53.学生攀爬窗台坠楼

案例：

原告小朱原系被告上海某中学初二学生。某日中午，小朱突然从学校三楼教师男厕所窗台坠落受伤,昏迷不醒,学校随即拨打"120"和"110",并通知小朱家长,双方一起送小朱就医。小朱因高坠伤致双腿多处粉碎性骨折,经鉴定已构成九级伤残。事发后,小朱家长将学校告上法院,认为小朱的坠楼与学校厕所小便池位置安装不合理、窗外未设防护栏存在直接因果关系,学校在安全教育及管理方面存在瑕疵,应对小朱进行赔偿。学校则认为,校方设施均符合安全标准,本次事故是由于小朱自行攀爬厕所窗台造成,事发后校方已及时救助并垫付医疗费,故校方在教育、保护、管理上不存在过失,不应承担赔偿责任。

专家解析:

小朱作为一名初二学生,应能预见到攀爬窗台有坠楼的危险,其通过小便池主动攀爬上窗台而致坠楼,对此小朱存在过错。校方则存在如下过失:一是事发地小便池直接设置在窗台之下且下端突出便于踩踏,窗外亦未安装栅栏,给小朱攀爬窗台坠楼留下安全隐患;二是学校教师男厕所与学生厕所在小便池设置及窗台高度上存在明显差异,学校未在安全防范措施上加以区别,亦未对相关设施进行改建、加固,学校在安全管理上存在一定瑕疵;三是学校在明知平时会有不少学生进入教师厕所使用的情况下,未对学生进行劝导以及有关的安全防范及警示教育,给事故的发生留下了隐患。根据案件实际情况,法院最终确认学校对小朱受伤承担 50% 的民事责任。

54.学生在校意外受伤死亡

案例：

　　某市某中学下午课外活动时,高一学生在大操场踢足球,学生王某踢得高兴,接一高球时,跳了起来,一不小心却跌倒了,后脑勺着地。同学把他扶起来,未见有明显外伤,王某也没在意,休息一会儿又接着踢直至下课。放学时,王某感到头晕,就打车回家了。到家后感到头晕更厉害了,便叫表哥给他吃一点药,又怕父母说他,特别嘱咐表哥不要告诉其父母。第二天,他仍到校上课,也没和同学说起头晕的事情。下午体育课,他又和同学一起踢球,踢着踢着,晕得更厉害了,此时老师才知道王某头一天摔倒的事,即将他送至附近医院,后又转至脑科医院,发现王某脑中积血很多,一面抢救,一面通知家长,但最后王某不幸死于脑积血并发症。

专家解析：

　　第一,本案不属于学校责任事故,学校示承担民事赔偿等法律责任。《民法通则》第一百零六条第二款规定:"公民、法人由于过错侵害国家的、集体的财产,侵害他人财产、人身的,应当承担民事责任。"而本案却不属于学校责任事故,首先是因为学生王某受到伤害起因是其在课外活动时间，因自己一时踢球踢得高兴而跳起并跌倒的偶发行为所致。其次，在次日课堂上教师的教学活动并无不当，也无法预见其前一天受伤的事情。故学校不存在教育、管理与保护职责上的过错，所以本案不属于学校责任。

第二，本案实际上是一起学校意外事故。属于学校意外事故的情形有多种，其中就包括：学生本人或学生之间偶发的意外行为所致的学生受到人身伤亡的事故。而本案正是属于上述情形的学校意外事故。学生王某最终死亡的原因有两个，一是在前一日的课外活动时因其踢球时突然跳起却意外跌倒而造成脑部受伤，这是导致王某死亡的最根本的原因；二是在次日的体育课上，王某没有告知教师其特殊情况，因前一日的跌伤而头晕，而继续参加课堂活动，最终导致其因脑部积血而死亡，这是王某死亡的促进因素。可见，前一日王某跌伤纯粹是其不可预料的个人偶发行为所致；而次日的体育课上，体育老师的教学行为又并无不当，故本案应属于学校意外事故。因此，本案中王某因意外而死亡的后果，应由其监护人自行承担。

55.因不可抗力的自然因素造成学生伤害

案例：

某县某山区某小学依山而建，一排土坯房教室成丁字形紧挨山坎下,山坎因过度采伐,所剩树木不多,女教师付某和她的一年级 31 名学生的教室正好在丁字头处。春夏之交,阴雨绵绵,山上流下的水已变成小溪在教室边流淌,教室有点漏,连墙上都是湿漉漉的好像要渗出水似的。下午第二节课付老师在上课,突然雷声隆隆,接着雨刷刷下起来了。就在这时,付老师突然听见有异样的响声,回头看,只见有碎土从黑板边掉下来,接着靠山的墙也掉下土,孩子们惊恐不安,付老师边安慰孩子边要孩子将课桌椅往中间移。这时靠山的一边墙倒下来了,付老师大声叫孩子们快跑,可有两个孩子吓呆了,不知所措地站在那里,付老师扑上去护住孩子,而天花板掉下一块,砸在老师身上,老师当即受重伤,两个孩子一个小腿骨折,另一个安然无恙。

专家解析:

第一,本案不属于学校责任事故,学校不承担过错赔偿责任。根据《学生伤害事故处理办法》第十二条规定,对于学校已经履行了相应职责,其行为并无不当的,学校对学生伤害事故不承担法律责任,而由其他相关当事人或责任人来承担,包括不可抗力、其他意外因素等造成的学生伤害事故:1.地震、雷击、台风、洪水等不可抗力的自然因素造成的。自然因素的表现较多,因为这种因素造成的学生伤害,已经超过了学校的管理能力,这些事故属于典型的意外事故,因此,学校不承担责任。这些事故中,如果学生参加了意外伤害保险,则学生可以向保险公司进行索赔。本案中,该山区小学的教室在当地的经济发展状况和地理环境状况下,是安全建筑。只是由于春夏之交的雷雨引发了山洪,从而导致了校园教室的倒塌;而且事故发生时,教师也已尽了其应尽的疏散与保护学生人身权利的义务,她的师德应当得到人们的敬重。因此,学校对于一名学生小腿骨折的伤害后果的发生既没有主观上的故意,也没有主观的过失,因此这不是一起学校责任事故,学校对此不负过错赔偿责任。

第二,本案实际上是一起发生在学校的学生伤害意外事故。其中导致学校意外事故发生的原因之中,就包括地震、雷击、台风、洪水等自然因素等引起不可抗力因素。本中之所以会出现教室倒塌并造成学生伤害的后果,不是因为校舍的安全没有得到保证,主要是由于春夏季节阴雨连绵的天气造成的山洪暴发,而雷雨和山洪都属于不可抗力的因素,故本案属意外事故,而非重大的责任事故。另外,教师付某在这次事故中也受到重伤,因其是履行教学职务和保护学生的过程中受伤的,学校应当对教师给予补偿,以及行政奖励。

第三,根据我国有关教育的法律、行政法规的规定,对于在校学习的未成年的中小学生实行意外保险,即中、小学生都应当参加人身意外伤害责任保险,具体由中、小学校集体办理。因此,基于本案中受到人身伤害的小学生是由于意外事故造成的(即雷雨天气),因此可由受害学生依法向承担保险责任的保险公司申请理赔,由保险公司调查、核实后依法予以赔偿。如果保险公司拒绝理赔,受害学生及其监护人可以向人民法院提起诉讼,受害学生所在学校可以支持其提起民事诉讼。

56.教师实验课擅离职守造成学生烧伤事故

案例：

　　一天，某中学化学教师肖某正组织学生上实验课，其父突然从外地赶来探望儿子并找到课堂上，肖某随即向学习委员交待了几句便领其父回宿舍休息。等他安顿好父亲匆忙赶到实验室时，发现学生正乱做一团。原来徐某离开实验室后，一实验小组的同学因争着动手做实验碰翻了盛有硫酸的玻璃杯，造成3位同学被硫酸烧伤，其中一位被硫酸溅在眼皮上，造成轻度毁容。事发后，学生家长找到学校要求赔偿损失并追究肖某的责任，而学校则以学生烧伤纯属自己违犯实验规则所致，教师对此没有责任为由，拒绝了家长的要求。在这起学生烧伤事故中，教师有无过错？

专家解析：

　　这起实验课上学生被硫酸烧伤一事教师肖某是有责任的。首先，肖某因私事未经任何请示离开实验课堂应属擅离职守的行为。其次，学生因争着动手做实验而造成烧伤事故，虽属学生自己违犯实验规则，但与肖某擅自离开课堂的行为是有关系的，因为教师有责任维持正常的实验课教学秩序,约束学生遵守实验规则,导致学生受伤,因此肖某擅离职守的行为与学生受伤之间存在因果关系。再次,上化学实验课,利用一些危险物品做实验,稍有不慎即有可能发生伤害事故,而肖某擅离职守的行为,说明其在主观上存在轻信学生能够避免的过失过错。综上所述,这起烧伤事故,与肖某擅离职守的行为以及主观上的过错有着直接的关系,肖某对此是负有责任的。当然,如果该起烧伤事故的赔偿责任全部由学校承担也是不合理的,因为学生违反实验规则,导致被硫酸烧伤,也存在过错。因此,赔偿责任应由学校和学生家长分担。

57.课间学生因为打闹、开玩笑导致伤害

案例:

许某与曾某系某中学初三学生。上午课间时,许某离开其座位外出,曾某则坐在许某的座位上与同学聊天。许某回来后即叫曾某让开,由于曾某与他人聊得起劲而未从许某的座位上让开,许某就推了曾某一下,双方互相推了数下,曾某拿起课桌上的物理课本向许某打去,碰巧打在许某的左眼上,致许某左眼视网膜脱离,经法医鉴定,许某的眼伤为八级伤残。

　　法院审理后认为,许某左眼致残,系在与曾某课间休息期间相互玩耍中被曾某的行为所致。两人在明知学校对学生在课间休息期间的行为有禁止性规定的情况下,不遵守学校的规定致使损害结果发生,对此,双方均有过错,曾某应承担主要责任,许某应承担次要责任,因两人未成年,民事责任由双方监护人承担。某中学对学生在课间休息期间的纪律规定了制度,并对学生进行了一定的安全教育,但在对安全制度的落实和监督方面措施不力而存在疏忽,未能有效地防止事故的发生,具有过错,应承担相应的责任,据此依照《法民通则》曾某承担 55%赔偿责任,许某自负 35%责任,学校承担 10%责任。

专家解析:

　　在本案中,判决学校承担 10%的理由是牵强的,因为在目前的条件下,要求教师随时随地陪护学生是不现实的,如果在正常上课期间,教师当然要保证在教室管理学生,但课间学生休息期间要求教师也要全程监护每一位学生的活动是不可能的,所以法院认为学校因为在对安全制度的落实和监督方面措施不力而存在疏忽,未能有效地防止事故的发生,具有过错的理由是值得商榷的,但这也给我们提了醒,学校不仅应制订出课间的纪律要求和管理制度,还应具体落实。一般来说课间的学生不同于正常上课,在课间教师对学生的监管和保护自然不会像课堂上一样,所以如果学生因为打闹,开玩笑导致的伤害,一般学校不会具有过错,因此也不应承担责任

　　不过处于对学生的安全考虑,为了保险起见,许多学校还是采取

了一些切实可行的方法，有的学校在课间安排了值周的教师和学生干部,有的学校对学生再三强调课间的安全纪律,但有些学校的做法未免有些过分,例如有些学校规定在课间除了上厕所,只能坐在自己的座位上,这样虽然避免了学生发生故事,但却极度不符合教育的规律,不符合学生生理的需要,也不能使学生利用课间在室外放松紧张的头脑。

但并不是说发生在课间的伤害事故学校就绝对不负责任，如果学校在其中的确存在过错,还是要承担相应责任的。在这个案例中,法院就以学校课间的管理措施没有落实为由认为学校有过错判令学校承担部分责任,这样的判决虽然有些牵强,但也提醒学校不能放松对学生课间活动的教育和管理。

58.教师明知学生有特殊生理状况,仍要求参加不宜从事的活动造成伤害

案例:

某市一年一度的 3000 米春季长跑越野赛又开始了,高二学生王某去年获得青年女子第一名,今年参加比赛当然是顺理成章的。谁知比赛的前一天,王某来月经了,她告诉了带队老师李某,但求胜心切的李某却照样要她参加比赛。王某在蒙蒙细雨中跑完全程,并取

得第三名的好成绩后病倒了,李某自知理亏,主动承担了药费和营养费。

专家解析:

这是一起由于学校教师明知学生有特殊生理状况,仍要求学生参加不宜从事的活动,从而造成学生人身健康受到损害的学校责任事故。对于这类事故,学校应当承担法律责任,并可向有故意或重大过失的教师追究责任。本案是由于履行学校职务的教师李某未尽到法定职责而导致学生王某身体健康遭受损害的事故,属于学校责任事故。所谓学校责任事故,是指由于学校存在疏忽过失,未尽到相应的教育、管理与保护的职责与义务,而导致的学生伤害事故。本案中,教师李某的行为实际上是执行学校职务的行为,其在履行职责的过程中存在过失应视为学校的主观状态。根据我国教育部有关处理学生伤害事故的行政规章的具体规定:学校知道或者应当知道学生有特异体质或特定疾病,未给予相应的注意仍要求学生参加不宜参加的活动,从而造成学生伤害事故发生的,属于学校责任事故,本案案情正是属于这种情况。高二学生王某虽然在上一年的越野长跑中取得优异成绩,身体素质较好,但在此次比赛前却出现了特殊的生理状况即来了月经。根据一般的医学常识,妇女月经期间不宜从事剧烈运动,而教师李某却置这一事实于不顾,在得知女学生王某来了月经的事实后仍坚持让其参赛,结果造成王某赛后病倒的伤害后果。这一伤害案件属于典型的学校责任事故,学校应当承担过错赔偿责任,即学校是赔偿责任主体。

59.体育课上的伤害由谁负责

案例：

　　一天下午体育课上，刘老师组织学生进行立定跳远训练。刘老师选择学校校园内的水泥场地作为训练场，首先带领学生进行训练前准备运动，接着通过示范讲解讲清要领和注意事项，然后让学生分组进行立定跳远训练。在训练过程中，学生小辛不慎摔倒了，刘老师发现后马上将小辛扶起，并关切地询问小辛伤了没有、疼不疼，在确知小辛无事的情况下，继续进行了她的课堂教学。第二天早上，刘老师得知小辛昨天体育课摔倒造成手腕骨折正在医院治疗的消息后，立即向校长进行汇报，校长派刘老师和小辛的班主任老师到医院进行了慰问，当时在看护小辛的爷爷对学校给予小辛的关心表示感谢。事后，小辛的家长来校反映，要求学校赔偿所有医疗费，并提出签字承诺"十年内，小辛骨折处生长发育时造成骨质增生，学校须承担一切后果"的要求。其理由是，学校领导未亲自去医院慰问学生小辛，刘老师教学时选择的教学场地和教学方法不正确，因此造成小辛摔倒后手腕骨折。

专家解析：

学校对此次学生伤害事故承担相应的责任：①《校园伤害事故处理办法》第二章第八条规定"学生伤害事故的责任，应当根据相关当事人的行为与损害后果之间的因果关系依法确定。因当事人的行为是损害后果发生的非主要原因，承担相应的责任。"刘老师的教学行为符合教学常规，此次学生受伤不是刘老师的教学所造成的。②《校园伤害事故处理办法》第二章第九条规定"因下列情形之一造成的学生伤害事故，学校应当依法承担相应的责任：（一）学校的校舍、场地、其他公共设施，以及学校提供给学生使用的学具、教育教学和生活设施、设备不符合国家规定的标准，或者有明显不安全因素的；（四）学校组织学生参加教育教学活动或者校外活动，未对学生进行相应的安全教育，并未在可预见的范围内采取必要的安全措施的；（八）学生在校期间突发疾病或者受到伤害，学校发现，但未根据实际情况及时采取相应措施，导致不良后果加重的；"第三章第十五条规定"发生学生伤害事故，学校应当及时救助受伤害学生，并应当及时告知未成年学生的监护人；有条件的，应当采取紧急救援等方式救助。"从第九条（一）、（四）条款看学校不承担责任：虽是水泥场地，但上级教育行政部门没有此项规定不允许进行立定跳远训练，而且教育局组织中考体育测试也采用此场地；刘老师在组织此次训练时已对学生进行了安全教育。从第九条（八）条款和第三章第十五条规定看，学校可承担相应的责任，因为课后、放学前刘老师没有再去询问一下学生小辛,或给小辛的班主任老师讲一下,或告知其监护人让其关心一下小辛。③根据人民医院骨伤科主治医师鉴定,此次伤害可能对今后产生影响,但不绝对产生影响,因此后续对身体影响协议可签也可不签。

60.上课被赶出教室经过讲台边摔倒造成伤害

案例:

原告王某是被告某学校六年级学生。一日上课时,原告王某与同学发生争吵。任课教师许某为了不影响其他同学听课,便让原告王某和与王某争吵的同学从教室内出去,接受班主任的处理。当王某经过讲台时,不慎绊了一跤摔倒在教室门口,造成左侧尺桡骨骨折。

专家解析:

学校除对未成年人王某有教育的义务外,还有保护和管理的义务。王某上课期间违反课堂纪律,被告方应对其进行批评教育,不应该让其在上课期间离开教室,王某离开教室时受伤与被告方的管理不当有因果关系,被告方对此应承担主要赔偿责任。据此,河南省内黄县人民法院判令被告内黄县某中学赔偿原告王某医疗费、精神损害抚慰金等共计 6300 余元。

61.教师体罚学生造成伤害

案例：

形形(化名)是小学五年级学生,因迷恋上网已逃学两天。班主任赵老师了解实情后,利用自己上语文课的时间,罚形形站在讲台边。但形形站在那里并不老实,故意伸出舌头,左右摇晃脑袋,逗得下面的同学忍不住笑出声来。老赵师见状很是气愤,上前推了形形一把,导致形形摔倒在地,右手腕关节处的手骨移位,花去医疗费 3200 多元,还不得不休学一年。经教育局调解处理,学校赔偿了形形的全部损失。

专家解析：

《未成年人保护法》第十五条规定:"学校、幼儿园的教职员应当尊重未成年人的人格尊严,不得对未成年学生和儿童实施体罚、变相体罚或者其他侮辱人格尊严的行为。"《学生伤害事故处理办法》第九条第九项还规定:学校教师或者其他工作人员体罚或者变相体罚学生,或者在履行职责过程中违反工作要求、操作规程、职业道德或者其他有关规定,造成学生伤害事故的,学校应依法承担相应的责任。本案中,彤彤年幼贪玩,逃学上网,作为班主任的赵老师本应对他进行耐心的批评教育,促使他认识到错误,逐渐改正缺点和不足,但赵老师却对彤彤又是罚站又是推搡,致其受伤。由于赵老师系学校工作人员,是代表学校对学生进行教育教学活动的,他体罚彤彤的行为属于职务行为,依法应由学校承担。

62.学校组织的春游活动中学生因食用野果中毒

案例:

某县某小学组织学生到野外春游,学生们都非常高兴,大家排着队跟着老师到野外的小河边。学生们尽情嬉戏和欢笑。后老师安排学生分组自由活动,大家就三五成群地散开了。学生王某发现一种好看的野果,就问其他学生。没有人知道,王某就说:"我先尝尝吧!"于是,王某小心地摘了一粒果吃起来,觉得味道还不错,就又吃了一粒。其他同学看到,也一边摘一边吃起来。后来其他小组的同学也好奇地吃起来,而老师并没有制止该种情况。等到下午要返回学校时,凡是吃了果子的学生都出现不同程度的呕吐、腹痛、头晕现象,王某的情况尤为严重。老师意识到学生可能吃了野果中毒了,于是赶紧将学生送到医院救治。结果因为王某吃得过多而中毒死亡。最后,大家才知道这种野果就是叫水麻桑果的毒果。

专家解析：

该学生伤害事故发生在学校组织的校外活动中，造成该事故发生的原因，就在于学校或教师在出游的过程中未对学生进行相应的安全教育，并在发现学生吃野果的时候，未在可预见的范围内采取必要的安全措施，以制止学生的吃野果的行为，结果造成王某中毒死亡、其他学生不同程度中毒的事故发生。因此，学校及老师没有尽到职责，在他们的教育管理责任范围内是有过错的，属于学校责任事故范围，学校应当承担全部民事责任。根据有关司法解释，对未成年人依法负有教育、管理、保护义务的学校、幼儿园或者其他教育机构，未尽职责范围内的相关义务致使未成年人遭受人身损害，或者未成年人致他人人身损害的，应当承担与其过错相应的赔偿责任。因此，学校应当成为该伤害事故的赔偿主体。

63.学生因教师侵权自杀

案例：

某省某市第二中学高一（4）班学生王某,6月2日到学校上课时，内套一件被青年们称为"一把火"的红衬衫。他露出的红衣领子被班主任孙某发现。孙某当即责令王某脱掉红衬衣。平日少言寡语的王某不愿当着男女同学的面脱衣服，要求去教室外面脱。孙某不准，强令王某在教室里脱。自尊心很强的王某坚持不脱，并回到自己的座位坐下。孙老师走过去揪住衣领把王某拉出座位，把他的语文书和本子从后窗扔下楼去，大声喊道："出去！我这个班不要你，以后别来了。"此后，班主任和学校一直未同家长通报情况。直到6月14日晚入睡前，王某对奶奶说："老师欺负我，我找他说理去。"次日早7时半左右，王某在公园投湖身亡。

专家解析：

国家教委下发的《中学生日常行为规范》(试行稿)规定："穿戴整洁、朴素大方。提倡穿校服。头发干净整齐，男生不留长发，女生不烫发，不化妆，不佩戴首饰，不穿高跟鞋。"之所以提倡穿校服，是因为穿校服有益于培养学生的组织纪律性，减小学生家庭贫富差别给学生身心发展带来的不良影响。这里的问题是，国家教委的文件规定是否与宪法的规定相矛盾呢？不矛盾。因为学生是一个非常特殊的公民群体，学校是一个教育学生促进学生身心全面发展的场所，对在这一场所中受教育的学生的服饰提出"穿戴整洁，朴素大方"的要求是利于学生身心健康发展的。但只要学生的穿着不违反法律和社会公德、不会对教育教学工作造成不良影响，学校和教师就不应干涉，否则就侵犯了学生的表达自由权。本案例中孙某对王某所提出的服饰要求就属于不合理的要求，是一种违法行为。此外，在本案例中，教师孙某不让王某上课,侵犯了其受教育权,当着全班男女同学的面让其脱衣服,侵犯了其人格尊严。当然,王某的自杀是一种自己结束自己生命的行为,主要是由于其心理承受能力太差所致,与教师孙某的行为之间无必然的因果联系。教师孙某不承担刑事责任,但应承担行政责任,学校应给予孙某一定的行政处分。

64.残疾儿童有没有上学的权利

案例:

　　强强(化名)长得很结实,胖乎乎的圆脸,浓眉大眼。他还喜欢笑,一笑起来,脸颊上就露出两个小酒窝,一副聪明伶俐的样儿,真讨人喜爱。然而强强却是个哑巴,听力也不太好。这就注定了他与其他孩子不同。小孩子还不懂得"歧视"这个字眼,他们有意无意地都不跟他一起玩,他常常就被冷落在一边,只能看着伙伴们兴高采烈地玩猜拳、跳跃,然后莫名其妙地狂笑一气。强强不知道他们为什么这么高兴,看到他们笑,他也跟着笑。当然强强笑不出声,他没有声带,只能无声地露出他那可爱的小酒窝,有些落寞,无奈。强强从小就没有玩伴。他最大的乐趣就是每天趴在离家很近的小学的围墙外边看小学生上体育课。他憧憬着,在不久的一天自己也能到学校去上学。

这一天终于来了,一天,某某小学一年级学生开始申请学位。强强的爸爸早就得知这一消息,早早地为孩子准备了崭新的书包和文具,一家人隆重地为强强背上小书包,凑在强强的小耳朵边嘱咐强强要好好学习。强强小小的脸蛋兴奋得通红,小酒窝里盛满了幸福,不住地点头。父子俩兴高采烈地来到学校。负责报名的林主任和韦老师仔细看了强强的出生年龄、家庭住址,一切手续都很顺利。最后两位老师询问了强强一些简单的问题,然而强强却一个劲儿地摇头。强强的爸爸难过地告诉老师,强强是个哑巴,听力也有一些问题。两位老师面露难色,对强强的爸爸说:"我们不能接收强强!"强强爸一再请求:"强强哑巴,其他一切正常,望学校网开一面,照顾一下。"林主任说:"我们没有权利接受,我们要通过学校行政会讨论决定,你在家等消息吧。"强强惴惴不安地回到家。第二天,强强爸接到朝阳小学林主任打来的电话:"学校不能接收强强属于残疾儿童,我们学校没有专门的特教老师,他应该到特殊学校就读。这对学校、对强强有好处……请谅解!"尽管强强爸再三请求,说特教学校离家太远,孩子幼小,不想到那个不正常的环境中生活……可是学校的态度非常坚决。强强爸叹了一口气,紧紧地握住儿子的小手,默默地看着儿子,无声地落下泪来。强强用小手替爸爸抹去眼泪,他小小的心灵有了心事:为什么别的孩子可以留在学校,自己不可以呢?强强爸只身前往特教学校了解情况,特教学校有各种各样的残疾孩子,大小混在一起上课。看着他们残缺的肢体,强强爸心情异常沉重,下定决心不把

孩子送到这儿来。为了强强开学前到普通学校就读,不得已,,强强
爸爸将小学告上法庭。

专家解析:

学校歧视残疾儿童、逃避社会责任的典型案对残疾儿童进行救
助,保证他们受教育的权利,是我国《残疾人保障法》中所明文规定的
内容。同时《教育法》《义务教育法》《残疾人教育条例》等法律中也有
相关的规定。作为普通的教育机构,承担适应普通教育的残疾人的教
育任务是自己不可推卸的责任和义务。根据有关法规的规定,对于拒
绝接收按照国家有关规定应当入学的残疾人入学的,不仅要承担法
律责任,由法院直接判令其停止侵害行为,还应当由教育主管部门给
予直接责任人员行政处分。

65.利用残疾儿童乞讨牟取利益

案例:

春节前夕,某市派出所接到城管队举报的一利用残疾儿童乞讨
牟取利益的案件。民警即对此事展开了调查:有一个命运多舛的小
女孩儿,还没来得及拥有一个属于自己的名字,就被父母遗弃了。小
女孩出生时比别的孩子多出一条腿,无知且贫穷的父母吓坏了,连夜

将这个"怪物"偷偷地丢弃在荒郊野外,任其自生自灭。可怜的孩子来到这个世界上才几个小时,甚至没有看到父母一眼,没有喝到一口奶水,就被狠心的父母抛弃了。

第二天,天刚蒙蒙亮。一个穿着破烂的中年男子一手牵着一个脏兮兮的小男孩儿,一手拿着一个包裹慢慢地走来。小男孩儿看起来非常不好,苍白的小脸,空洞无神的眼睛,他那"兔唇"紧闭着,却无法遮盖发黄的门牙。这个农民模样的中年人,叫滕某。滕某这么早带着"儿子"到这里来干什么,我们不得而知。他俩不久就发现了丢在路边、哭声已十分微弱的小女孩儿。滕某踌躇了一下,弯腰抱起小女孩儿。他一会儿就明白了小女孩儿遭抛弃的原因,沉思片刻,他拎起小女孩儿,就像拎着一只小狗似的返身回到家。这个可怜的小女孩儿,她终于被"好心人"收养了。至此,小女孩儿有了属于自己的名字——小西。

转眼间两年过去了。在一个离春节还有几天的日子里,人们穿梭于大街小巷,忙着准备年货。在超市门前的那条街道上,出现了一大两小,与这个城市格格不入的三个身影。是他,那个专门收养残疾儿的人——滕某!两年过去了,他的模样没多大改变,依旧麻木的脸庞。他的面前地面上放着一个破破烂烂的瓷盆,瓷盆上锈迹斑斑,依稀可见它原先的黄色。瓷盆里放着一些零散的硬币、纸币。他旁边站着的小女孩儿就是小西,她穿着单薄,在寒风中瑟瑟发抖,一双眼睛睁得大大的,木然地看着路人,冻得通红的小手中拿着人们刚刚施舍的饼干，无声地拨弄着。她的开裆裤中耷拉着一条一尺来长、冻得发紫的像根扭曲的细棍样的东西尤其引人注目，那是害得她被亲生父母抛弃的第三条腿。"细棍"下方，有一只像玩具似的小小的脚，脚掌朝外，六根脚趾头清晰可见。小西也许站累了，想靠在"父亲"身上休息一下，然而滕某却故意推开她，以便更清楚地展示她的"细腿"，以博取路人更大的同情，施舍更多的钱物。滕某不时地提醒不远处那个兔唇的小男孩儿："东，跪好，对人要有诚意！"小东穿着一件破旧的棉大衣。衣服对他来说似乎太大了，一双同样过大的解放鞋根本无法抵挡寒气的侵袭。他瑟缩着，垂着双眼，因寒冷而流出的鼻涕不时地滑到不完整的唇上，小东只好不时地用衣袖胡乱一擦了事。他毕恭毕敬地跪在冰冷的水泥地上，动也不敢动。他知道，如果不按照"父亲"的要求去做，就完不成当天的"任务指标"，等待他的不是暴打就是饿肚子。他的面前也放着一个瓷盆，里面放着零星的硬币，纸币。

派出所经过调查，依照《治安管理处罚条例》对滕某作出了相应的处罚，并将此事通报到市妇女儿童保护协会，希望他们伸出援助之手，为两个可怜的孩子讨个公道！

专家解析：

这是一起利用残疾儿童牟取私利，侮辱、虐待残疾儿童的典型案例。小东先天豁唇，小西畸形，两个孩子均属残疾。滕某收养小东、小西，这期间滕某没有正当职业，没有其他经济收入，一直利用身患残疾的孩子乞讨为生。在乞讨过程中,多次对身患残疾的孩子进行程度不等的惩罚,在大庭广众之下故意暴露残疾孩子的残障部位,以博取他人同情。侵害了孩子的身心健康和合法权益,属于"以暴力或者其他方法公然侮辱、虐待残疾人"的违法行为。对残疾儿童实施救助,保证残疾人的合法权益是我国《残疾人保障法》中所明文规定的内容,本案例中的被告滕某显然违反了《残疾人保障法》和《治安管理处罚条例》。

66.学校雇用问题学生经营小卖部

案例:

　　某市某中学三年级办公室里,"气死我了,徐老师,你们班的曹某某真叫人头疼,他怎么这样啊!"一下课,三(2)班的数学老师就气急败坏地冲进办公室,边往桌上狠狠地摔着教科书,边对三(2)班的班主任徐老师斯底里地吼叫道"是啊,仗着自己残疾,谁也不能把他怎么的。真是太过分了!"仿佛打开了缺口的江河似的,英语李老师也义愤填膺地抱怨道。"打架斗殴,欺负弱小,真是无恶不作!"几位任课老师大概吃尽了那个叫曹某某的学生的苦头,说起来咬牙切齿,用最恶毒的词形容他,还不解恨似的,又添上一句,"简直就是个小流氓!哎,自己不学好,还影响别人啊!"班主任徐老师是个温文尔雅的女教师,此时也不禁恼火地参与了对曹某某的声讨:那么,这位让这么多老师大动肝火的曹某某到底是何方神圣呢?

瞧,他来了!曹某某长得不算高大,但是他的那套行头却十分引人注目。无论春夏秋冬,他的衣领总是扣得严严实实,另外他总是架着一副眼镜,而且是变色的,当阳光照射到眼镜上时,茶色的镜片越发变深,就像戴着墨镜似的,样子可酷了!这身打扮可是学校特许的。事实上,他的领子不能解开,他的眼镜不能摘掉。因为那里是他小时候调皮捣蛋的"战果":一右眼失明、右边脖子往下一大片皮肤粉红色,纵横交错的疤疤惨不忍睹。说到这儿,我们知道,曹某某不是天生残疾。改革开放让这个城市飞速发展,一部分人先富裕起来了。曹某某的父亲办了一家化工厂,在这座城市小有名气了。曹某某5岁时在他爸爸的工厂玩耍,让工厂的化工原料烧伤了。不过,曹某某的父亲说:等曹某某长大了,为他去做美容,会比所有的人都英俊!这次惨痛的事件并未让调皮的曹某某吸取教训,他依然调皮捣蛋,甚至变本加厉,让所有的老师头痛!他"不务正业",对新鲜事物倒是,学得很快,掌握得很多。

你要是不让他参与某项活动,他就来了:某某老师歧视残疾儿童,我要告!这还了得,全世界都在呼吁关爱残疾人呢,谁敢歧视他呀!他仗着自己的残疾,在学校有恃无恐,横行霸道,谁也奈何不了他!最受罪的要数他的班主任徐老师了,家长常常投诉:现在是三年级毕业前夕，非常时期啊，虽说徐老师的教学水平很高，但是，有这么个"瘟神"成天在班级里搅和，其他孩子的前途受到极大的威胁，这个责任谁来担负啊！徐老师也是叫苦不迭。不得已，她硬着头皮去校长室诉苦：总不能因为一个曹某某而影响全校的升学率吧，影响了升学率就影响了学校在市里的名声，以后的生源也就大受影响啊，生源受到影响，学校还怎么办下去啊！希望校领导出面将曹某某"解决"掉。言下之意：反正曹某某在校也是混日子，还不如早点退学。校长笑眯眯地说："曹某某他再怎么调皮还是个孩子嘛，家长信任我们学校，将他送到我们学校接受教育；你是我们学校的优秀教师，带毕业班有一套，学校信任你，把他放在你的班级里。我相信你能处理好这件事的……"校长的高帽子往自己头上一扣，噎得徐老师面红耳赤、张口结舌。

这天，学校小卖部的老板马某生病请假回老家。这下可苦了没早饭吃的孩子们，曹某就是其中之一。校长也知道其中利害关系，这不仅仅是解决学生的早饭问题，教师们的每月一百元的福利可就泡汤了，这个不起眼的小卖部，可是学校创收的一块肥肥的"自留地"！可是学校没有多余的人手啊！正在校长发愁的时候，曹某某礼貌地进了校长室："张校长，让我去小卖部吧。我不要工钱，保证干得不比原来差！""这哪儿跟哪儿啊！别捣乱了……"校长想都没想，就将曹某某请出去了。可是张校长万万没想到，第二天，他的老同学一也就是曹某某的父亲亲自到学校来谈这事儿。老同学见面寒暄了几句：艾，我知道这孩子不是块学习的料。小时候没照顾好他,害得他这样,也不忍心说他。我知道这孩子给学校老师添了不少麻烦……他想怎样就怎样吧,全当他为将来积累生活经验吧,好歹让他混到成人……"张校长慎重地说:"这样,我们仍然保留曹某某的学籍,先让他在小卖部干几天,他啥时候想学习了,随时回到班级。如果他想干下去,我们也会发给他中学毕业证书的,工资照发……"于是,曹某某如愿到小卖部了。他还真有生意人的头脑,小卖部被他经营得红红火火。不久后,他还和学校签订了合同,完全全成了一个"生意人"。自从曹某某到小卖部之后,(2)班的老师个个喜笑颜开:学生的整体成绩蒸蒸日上,在这一年度的毕业考试中一举夺得:全区第一名的好成绩。皆大欢喜!皆大欢喜?这种皆大欢喜的局面并投有维持多久,3个月以后,小店:原先的老板马某回到了学校,想继续经营小卖部,遭到学校的拒绝,原先与学校订立的合同也因为3个月病假而自动终止。眼看断了财路,马某怀恨在心,终于有一天,将学校告上法庭,告校雇佣童工,违反了《劳动法》,同时也剥夺了他的劳动岗位,要求学校纠正违法行为,恢复他的工作。

专家解析:

这是一起严重违反《义务教育法》和《残疾人保障法》的案件。曹某左眼失明,其残疾程度并不影响其正常学习《残疾保障珐》明文规定,普通教育机构必须接受适合普通教育的儿童入学就读,保障了戏疾人接受教育的权利,而《义务教育法》也规定了学龄儿童必须接受义务教育，任何个人和单位不得以任何理由阻止适龄儿童接受义务教育。《劳动法》规定，任何单位不得雇佣18岁以下儿童参加劳动。而本案被告以种种理由为借口，公然违反法律，事后还再查，似乎违法是情非得已，殊不知任何法律都不可以任何借口来违反，否则就会受到法律的制裁。本案中原告虽然不是合适主体，但法院仍然支持了他诉求的原因是"案中案"，不管原告出于什么目的，也不管被告有什么"合情合理"的理由，法律是需要尊重的，是不容侵犯的，任何人都不得以任何理由违反法律。

67.学校玻璃掉下来割破学生的手臂

案例：

某校上午间操时间，同学们去操场集合做课间操，刚走过窗边，此时，一阵风吹过来，"啊"伴着"啪、啪"声响起，接着是男孩儿的喊声："我的手出血了。"老师急忙走近看，原来是窗户玻璃破碎掉下来，砸在男孩儿的手上，玻璃碎片割破了男孩儿的手臂。这原来是一块有裂缝的玻璃，因为没有破碎，老师也没有注意，更不可能及时上报处理。男孩儿走过窗边时，正好风吹窗户震动玻璃而破裂，掉下来割伤了男孩儿的手臂。幸好，男孩儿的手臂只是被玻璃碎片划伤，到医务室处理伤口血迹,贴上创可贴就行了。

专家解析:

根据《学生伤害事故处理办法》第二章《事故与责任》第九条中的"学校的校舍、场地、其他公共设施,以及学校提供给学生使用的学具、教育教学和生活设施、设备不符合国家规定的标准,或者有明显不安全因素的""学校的安全保卫、消防、设施设备管理等安全管理制度有明显疏漏,或者管理混乱,存在重大安全隐患,而未及时采取措施的"的责任情形规定,因情形之一造成的学生伤害事故,应该依法承担相应的责任。此案例应该属于以上两规定范畴,学校存在过错,如果家长追究,学校就要依法承担相应的责任。

反思:常规中,我们认为,这应该是意外事故,是防不胜防的事情,学校承担责任,是冤枉的。什么是意外? 从字面上解释应该是意料之外的。从案例中来看,玻璃只是有条不起眼的小裂缝,不存在安全隐患。再说,事故发生是风吹打窗户,不是人为去摇动使玻璃掉下割伤孩子,应该是意料之外的事情。其实不然,在《学生伤害事故处理办法》解读中讲到:凡是有可能发生的,而学校没有注意或没有想到预防而发生的事故,都不属于意外,学校必须依法承担相应的责任。从本案例看,既然窗玻璃已经爆裂,尽管是一条小裂缝,我们都应该想到,当外来力量撞击窗户时,它一定会破碎,容易造成对师生的伤害,这只是个时间问题。学校安全无小事。我们应该吸取本案例的教训,一是要树立学校安全意识,制定相应的安全措施,加强安全工作管理。二是要认真落实安全责任制,层层抓、层层管、层层分解,把责任落实给学校每一个教职员工。三是要实行安全排查制度化,做到定期拉网式排查,不留任何死角。四是发现安全问题要及时整改,杜绝任何安全事故的发生。

68.被赶回家的学生返回学校途中遭遇车祸身亡

案例:

14周岁的杨某系某农村中学八年级学生,因为在校与同学打架被班主任老师陈某当众批评。由于杨某拒绝认错且态度较为恶劣,老师便将其赶回家。杨某遂独自带着书本、被褥等东西回到家中。杨某母亲张某问明情况后,第二天便陪同杨某一同去学校,准备找老师道歉认错,并要求让杨某继续在校读书,直至初中毕业。当杨某母子走到校门附近横穿马路进学校时,杨某被车撞伤,经医院抢救无效死亡。张某遂将肇事司机和学校告上法庭,要求二被告承担杨某被车撞死的民事责任。

专家解析:

本案折射出许多问题,既有教育问题,又有社会问题,更有法律问题。随着社会的进步,法制的完善,我国民众的权利意识逐渐增强，在中小学教育这一块典型的表现就是学校和老师不能打骂和变相体罚学生,不能剥夺学生受基础义务教育的权利的观念深入人心。但由于中国父母对独生子女的宠爱等原因，长期以来这个权利观念被逐渐地变相放大。越来越多的家长和学生都认为，只要学生出了事,学校和老师就应当承担责任,只要还没有完成九年义务教育,学校和老师就不能拿学生怎么样，甚至产生出学校和老师不能违背学生心愿管理学生的极端思想，从而导致家长帮着学生反对学校老师正常的教育管理,学生向老师示威,学生打老师等教育乱象产生。本案中第二种观点或就是受了这种思潮的影响，错误地认为学校违反了《教育法》,所以要承担学生返校时车祸身亡的民事责任。在法律上,一个行为是否要承担法律责任要同时满足三个条件,即违法的危害行为、损害结果和法律上的因果关系。应当说,老师把学生赶回家剥夺其教育权利的行为违反了我国相关的教育法律法规，是一种违法行为,侵害了学生受教育的权利,客观上发生了学生遇车祸身亡的损害结果，但违法行为和损害结果之间是否有法律上的因果关系就值得考量了。应当说,老师赶学生回家、学生回家、学生返校、学生遇车祸身亡这一系列的事情，在时间上确实存在先后承接的关系或说存在事实上的因果关系，但时间上的先后承接并不一定必然导致法律上的因果关系发生。如果说一个事实上的原因离结果太远,远的对结果的发生不产生什么影响,那么这个事实上的原因并不能成为法律上归责的原因。综上所述,如果违法危害行为并不必然直接地导致损害结果的发生,那么行为人不具有法律上的可责难性,不应当承担损害结果的责任。具体到本案:1.学生回家途中并没有发生不测,而是平安地回到了家置于其家长的监护之下,其法律因果关系已经中断,车祸的法律责任不应当由学校承担。2.即使学生在回家途中发生车祸,也不应当由学校承担责任。学生被老师赶回家途中,如发生车祸纯属意外事件。其回家时虽没有成人陪伴,但鉴于该生已经年满14周岁,完全有安全独立回家的能力。当然,如果本案中的学生系一个幼儿,因为其没有独立安全回家的能力,学校将其赶回家,遂产生学校陪护之义务,由于学校未能陪护发生车祸学校当然应当承担责任。3.该学生返回学校是由家长陪同,因学生疏忽大意、家长疏于监护及车辆驾驶人的原因发生车祸,应由家长、学生及肇事司机按照各自过错承担相应责任。

69.物理实验课电池爆炸炸伤学生眼睛

案例:

某校上课铃刚刚响过,初中二年级二班的同学们纷纷跑进实验楼,物理实验课是学生们普遍感兴趣的课。这节课的实验内容是电能、磁能的转变,需要1号干电池。当物理老师来到实验室才发现有5名同学(包括张某)没有实验用的干电池。于是,老师就让张某去校门口的某商店购买了10节1号电池。物理老师讲了实验内容以及具体的实验操作规程后,学生们便动起手来。张某和其他同学一样,认真地将刚刚买来的1号电池装在实验器材的电池仓里,并按照老师讲述的操作规程认真地检查了每一个元件及线路,当他认为整个实验装置已安装无误时,便轻轻地按下电源开关。就在张某按下电源开关的一瞬间,电池仓里的两个1号电池发生爆炸,一块电池碎片击中张某的左眼。经治疗,左眼只恢复到0.3的视力。

专家解析:

本案中发生的事故属于产品致人损害的民事责任,简称"产品责任"。具体来说,"产品责任"是指产品存在缺陷造成人身伤害或财产损失而引起的民事责任。虽然,这起事故发生在学校中,但其并不属于学校责任事故,因而学校对于事故的发生,并不承担民事赔偿责任。就本事故的性质来看,应当属于在学校内发生的第三方责任事故。第三方责任事故是指由学校以外的个人或组织的故意、过失或疏忽而造成的学生伤害事故。所以应由造成事故的第三方承担赔偿责任。

70.学校宿舍管理不善学生未及时归校遇难

案例:

某市地处山区,绝大多数农村中学生因交通不便必须住宿。一天,某中学住宿生陈某、张某吃过晚饭后,结伴上街游玩,路上遇到熟人,两人便乘其摩托车兜风,至晚修时还没回到学校。晚上8点多在回校途中,两人发生车祸,造成一死一重伤。

专家解析:

这个案例是典型的因学校管理不善造成的学生伤害事故。对于住宿生的管理,各校都有相应的措施。农村中学住宿生上晚修的时间一般是晚上7—9点,其间住宿生必须在校园内学习活动。学生住宿期间,学校就是其监护主体,值日坐班教师就是其监护人。对于住宿生,学校除要安排好他们在校的课余活动,更要告知其外出时的注意事项。上述事故发生后,应引起学校对住宿生管理的反思,各校应该加强学生出入管理,并采取当晚坐班教师第一时间考勤点名,对不请假、不上课的学生要及时告之家长等措施,以减少此类事故的发生。

71.学校提前放学后学生从树上摔下抢救无效死亡

案例:

张某系某县某乡小学二年级学生。某天下午,张某所在的班级上了两节课后提前放学(正常下午上三节课,放学时间为16时45分)。张某与其他同学一起到学校围墙东南处玩耍,发现树上有鸟窝,一名同学欲爬上未果,张某便爬上掏鸟窝,不慎从树上摔下。在场的同学将张某抬往村卫生室(距事发地点约 116 米)抢救,抢救一段时间后,于 17 时左右打电话给县人民医院 120 急救中心请求急救。张某经县人民医院抢救无效死亡。张某的父母向法院起诉,要求学校承担赔偿责任。

专家解析:

本案中,虽然张某的死亡与学校提前放学这一事实之间没有必然的因果关系,但学校提前放学,未通知未成年学生的家长,致使未成年学生处于无人监控之下,违反了《教育法》和《未成年人保护法》的有关规定,未尽到教育、管理之职责中的"谨慎之义务",其过错是非常明显的。根据过错原则"无过错即无责任"的一般原理,本案学校提前放学之过错不能免除其应承担之责任。在举证责任分配上,受害方已举证证明了学校提前放学这一事实,而学校未能举出其可以免责的法定事由,仅以"无必然因果关系"相抗辩,不能免责。本案如果将必然因果关系作为决定责任的唯一依据,而否定过错在最终确定责任中的作用,不符合过错责任的要求。毕竟,学校提前放学是损害后果发生的原因之一。如果仅以必然因果关系作为归责的条件,不但会不适当地开脱一些应负责任的行为人的责任,而且使受害人的损失在许多情况下得不到补偿。所以,学校应根据其过错程度适当承担赔偿责任。

72.学生假期在家不慎坠楼身亡

案例:

8岁的圆圆永远地离开了,这个假期她从老家来到某市,和在此工作的父母团聚。这天,调皮的女孩子一定要开空调,为此她把自己反锁在房间里,可是谁也没有想到厄运悄悄降临在她的头上,锁上门,她就去开空调,随后去关窗户,可是窗户开得太大了,她就把身子向外探出,不小心从十楼掉了下去,永远地离开了这个世界。房间里的父母接到保安的通知,才看到楼下女儿的尸体。仅仅事隔两天,同样的遭遇落在了一名男孩儿身上。"当时,我正在旁边四五十米远的地方看别人打麻将,就听得'咚'的一声响。"一位目击者说。"本来我以为又是高空抛物,后来看到来了警察,才知道是有小孩儿从楼上掉下来了。"一知情女孩说。坠楼男孩儿的奶奶过来后哭着说,孩子的父母上班不在家,就把孩子锁在家,小孩儿估计是想从阳台上顺着排水管道爬到邻居的阳台上,但没有成功,从阳台上掉了下来。据她讲,小男孩儿今年8岁。

专家解析:

《学生伤害事故处理办法》规定在放学后、节假日或假期中学生自行滞留学校或到校活动期间发生的学生人身伤害事故，学校行为并无不当的，不承担事故责任。但是在《教育法》和《教师法》中规定学校和教师具有管理、教育、保护未成年学生的法定义务和职责，并未规定在放学后、节假日或假期中学校和教师就可不履行这些法定义务和职责。所以，在法律上，假期中学生发生事故学校是否应该承担责任并不明确、合理。我们需要关于此类问题的法律的出台。只有这样，我们才可能做到有法可依、依法办事。面对目前我国法律不完善的现状，学生还是必须要学会在假期中进行自我保护。只有事故发生的次数降低了，事故本身避免了，这类问题才可以得到真正解决。在放假前，教师必须对学生进行假期安全教育，认真向学生介绍假期注意事项，为学生安全做出最大努力。

73.学校食堂向学生提供的食品导致学生食物中毒

案例：

某市实验小学为了学生生活、学习的方便，长期为本校学生提供早餐服务。某人早晨，该校部分小学生在食用早餐20分钟后，有的学生开始头昏，有的开始腹泻，有的开始呕吐。学校发现后，立即将就餐学生送到医院救治，同时封闭食堂。后经医生检查确认，这些学生是因为食用了沾有剧毒鼠药的食品而导致的食物中毒。后经发现，学校食堂管理员从学校上级处领回鼠药后，随手放到厨房的柜子里，而他人并不知晓。谁知早起做饭的师傅不小心碰到药，药被碰溅到沸腾的锅里，这样就发生了中毒事件。学生经抢救，最终全部脱离了危险。

专家解析：

这是一起因学校食堂向学生提供的食品严重不符合卫生要求，而导致学生食物中毒事故的发生。第一，学校及其工作人员有过错和违法行为；第二，违法行为导致学生食物中毒的伤害事故发生，违法行为与损害后果有因果关系。因此，学校应当承担赔偿责任。本案是一起学生责任事故，学校为本案的赔偿主体。食堂管理人员作为学校的工作人员，不直接对学生中毒事故承担责任。但是，学校可以追究食堂管理人员的相关责任。学校组织学生参加教育教学活动或者校外活动，未对学生进行相应的安全教育，并未在可预见的范围内采取必要的安全措施的。在实践中，许多事故都是由于未成年学生不懂得安全知识，而学校和老师又没有给予安全教育和指导，没有采取必要的安全措施造成的。在这种情况下，发生的学生伤害事故，学校要对自己未尽到教育和保护职责承担责任。尤其是在学校组织的校外活动中，由于教师未尽到安全注意和安全措施的义务而导致学生受到伤害的案件较多，这种情况下，如果学校有过错，则学校应当承担责任。

74.学生逃课上网成瘾学校不通知家长

案例：

　　某市某小学五年级学生于某,父母均为工厂职工,自小对于某管教比较严格,所以于某学习成绩一直比较优秀,深受老师喜爱。于某上五年级后,因同桌冯某爱玩电脑游戏,经常怂恿于某和他去街上网吧玩游戏,于某渐渐地玩上了瘾,逐渐地经常和冯某逃课出去玩电脑游戏。对此有的课任老师都也向该班班主任陈老师反映过, 但陈老师认为现在学生不好管,而且学校也不指望每个学生都有个好成绩,就对于某逃课睁一只眼闭一只眼,听之任之。

　　这样一个学期下来,于某成绩一落千丈。后来于某父母才明白于某学习成绩下降的原因,这才对于某严加看管,每天上下学由父母轮流接送,但由于于某沉溺于电子游戏太深,难以控制自己,仍然偷偷溜出学校玩游戏。晚上在家时,精神不振,无精打采,不但功课不想做, 而且身体也一天天地差下去。其父母为此专门带于某去看过几次心理医生,并花费不少。于某父母觉得,要是学校早点将于某逃课的情况向其父母反映,好让父母早日管教,那于某也不至于落到现在这个地步,他们认为学校应当为此负责,于是他们找到学校,要求学校为于某补上落下的功课,而且要赔偿为于某花去的心理咨询费。学校认为他们只负责教育在学校内的学生,学生出了校门,他们管不着。双方争执不下,于某父母于是将学校诉至法院。

专家解析：

第一,学校与于某之间的法律关系。学校有义务保护在校学生的人身安全和身体健康,有义务保障在校学生的受教育权,如果学校违反了这些义务,那么就要承担相应的责任。第二,学校应对于某受到伤害承担责任。本案中学校虽然知道于某经常逃课,却没有对他进行管教,也没有向于某家长反映,致使于某因缺课太多而成绩一落千丈,难以跟上教学进度,对此学校应承担责任。学校以不作为的方式侵犯了于某的健康权。健康权是自然人依法享有的以保持其身体机能安全为内容的权利。虽然,传统上健康多指身体健康,但是现在心理健康越来越受到人们的重视,侵害心理健康可能是对健康权的更大侵害。本案中,学校对于某逃课行为听之任之,致使于某迷恋上了电子游戏而不能自拔,这对于一个正处于成长阶段的未成年人来说,负面影响是相当大的。因此,学校应对此承担责任,即学校应部分赔偿于某医疗费、护理费、营养费、交通费、住宿费等经济损失。

75.封闭学校学生翻越围墙致伤

案例：

　　某市某区唐某的儿子唐某某,被招收到某市某校读高一。该校属军事化管理学校,管理体制为除班主任外,还配备一名教师担任区队长,负责学生的生活管理。第二年5月4日,学校要求学生结束长假,提前上课。当天晚上下晚自习后,因管理生活的区队长不在校,唐某某就与其他三名同学相约出校去上网。在翻越学校大门边院墙时,唐某某不慎摔伤。经医院诊断,其左右跟骨骨折、左边踝骨骨折,被鉴定为十级伤残,唐某某家长垫付了所有费用。在费用分担问题上,学校只愿承担三千元,没有与唐某某家长达成一致意见。

专家解析：

　　唐某某为限制行为能力人,事发当时已满16岁,对翻墙可能造成身体损伤应当能够预见,应承担主要责任;作为负有教育、管理、保护义务的学校,因负责生活的辅导员当天不在校,未及时阻止唐某某行为的发生,应承担次要责任。某市某区人民法院便作出一审判决:学校因疏于管理,应承担学生的前后期医疗费、伤残费、精神抚慰金等各项损失30%的赔偿责任计13000元,并承担本案的部分诉讼费。

学校不服一审判决,上诉到某市中级人民法院。中级法院还是维持了一审判决。后来,唐某某家长拿到学校的全部赔偿款。

76.校园内商业竞争手段恶劣殃及无辜学生

案例:

　　某住宿学校里开了2个小卖店之后,将其转给他人承包经营。时间长了,2个小店争抢客源,造成恶性竞争,其中1个故意在另1个小店出售的食物里投毒,致多名学生食物中毒。案情查明后,投毒者被刑事拘留。随后,学生家长起诉学校,法院裁定学校没有刑事责任,但违反了国家相关部门禁止在校内开商店,或者出租校舍的政策,因此,学校具有一定的附带责任,判令给予受伤害学生适当经济补助。

专家解析:

　　这是一个值得许多学校关注、借鉴的案例。虽然因学校教师或者其他工作人员与其职务无关的个人行为,或者因学生、教师及其他个人故意实施的违法犯罪行为,造成学生人身损害的,致害人依法承担相应的责任。但是,事故发生是在学校负有管理责任的校舍、场地、其他教育教学设施、生活设施内,况且,学校将商店出租,违反了教育业内的相关规定,因此,应该负有一定的责任。

77.在学校不可预见的意外伤害谁负责

案例:

某某省某市初中生张某、王某系同班同学。课间学习时,王某拾得圆珠笔一支,李某将其要走玩耍,王某骂了李某几句,李某一气之下将笔扔向了王,不料正好扔在王的一只眼睛上,致使王某的眼球破裂,花去医药费二万余元。王某家长要求学校与李某共同承担自己的损失。

专家解析:

本案中,李某向王某扔笔是造成此次伤害的唯一原因,学校不可能对这样的突发事件提前预测并加以防范,学校的谨慎注意义务不可能暴扣这类突发性事件,学校再严密管理,也不可能完全消灭这种事件,因此,要求学校在这样的案件上承担责任,是不合理的。本案中,学校的管理责任与伤害事件可以说没有因果关系,学校不应承担民事责任。遗憾的是,法院认为教师疏于管理,未尽到监护责任,遂判定学校承担 50% 的责任。对学校而言,这显然是不公平的。

78.未成年人沉迷于网络侵财犯罪

案例：

由于父母长年在外打工，王某成为一名"留守儿童"。由于缺少父母管教，王某初中未毕业即"逃离"家庭来京打工。来到大都市后，他开始沉迷网络游戏，有时为买游戏装备一夜要花近百元，这也让时常间断打工的王某有些承受不起。一天下午，从网吧出来的王某几乎身无分文，这也让他起了邪念，在某胡同一院门前，王某趁被害人杨某进院的功夫将杨停放的一辆电动车偷走，后人赃并获。法院以盗窃罪对王某给予处罚。

专家解析：

侵财犯罪，在未成年人犯罪中占有绝对的比重。就具体的犯罪种类而言，主要有盗窃罪和抢劫罪两种；就具体的主体而言，在校学生和城市外来务工未成年人占有相当大的比例。年龄和社会角色决定了未成年人绝大多数为"纯消费者"，其日常的开支需要家庭的资助；少数即使参加工作往往也不能"自给自足"，不能吃苦耐劳，甚或存在不劳而获想法，这与他们受太多物质诱惑或玩心太重所导致的超额消费赤字存在着的巨大矛盾，决定了未成年人实施侵财犯罪的多发性。尤其对城市化进程中的外来务工未成年人群体而言,由于脱离了传统乡土社会的约束,而父母的管教往往也很少或鞭长莫及,他们因沉迷网络、交友不慎而引发的此类犯罪日趋多发。值得注意的是,因对法律存在认识误区,导致实施抢劫犯罪的情况也时有出现。就此类犯罪的预防而言,应区分不同的未成年人犯罪主体,对于在校未成年人来说,家庭的日常管教和学校经常性的普法教育尤为重要,并更要注意防止他们沉迷网络或结交不良青少年;对参加的未成年人而言,由于多为城市外来务工者,从事的多为餐饮、保安等无技术含量的服务业,这就要求家庭除想方设法进行管教外,其从业单位应担负起更多的社会管理职责。

79.早恋少年情绪无克制向情敌挥刀

案例:

苏某案发时 17 岁,其女友薛某因为感情不和提出了分手后,苏某一直怀有和好之念。后苏某听说薛某又交了男友小于,难过至极的苏某为了让"情敌"离开,决定用武力解决。于是事发当日苏某携带砍刀,约上了几个朋友找到了薛某和于某,愤怒的苏某责问小于几句话后,突然因压抑不了心中的愤怒对自己的"情敌"挥刀行凶。案发后小苏被法院判处有期徒刑。

专家解析：

十六七岁的未成年人正处于生理上的第二反抗期，他们在情感上容易出现突发的情绪失控，自我控制能力差。这一特征在早恋人群中更加凸显，在自尊心、虚荣心、嫉妒等心理驱使下，在面对感情挫折时，他们更容易产生极不相称的过激反应，就像案例中的苏某。未成年人在遭受"失恋"打击时，极易产生报复心理，而报复的行为往往因为欠缺理智而危害性较大，报复的目标也会扩大到对方的亲属甚至朋友。

80.未成年人因看不顺眼对他人施加暴力

案例：

一天凌晨，中学生黄某、陶某和罗某一起来到网吧上网，看见同在网吧上网的同龄人小丽极"不顺眼"，三人便将其挟持到河滨公园内进行殴打、辱骂，并强行让小丽脱光衣服，其间，罗某还抢走了小丽身上的七十余元现金。由于被公园管理人员发现，三人才扔下小丽仓皇而逃。几天后，黄某等三人被警方抓获。区检察院分别以侮辱妇女罪、抢劫罪对三人提起了诉讼。

专家解析：

　　黄某、陶某以暴力胁迫方式侮辱妇女，其行为已构成侮辱妇女罪。罗某以非法占有为目的,采用暴力威胁手段强行劫取他人财产,其行为已构成抢劫罪。考虑到三被告均未年满十八周岁，根据《刑法》相关规定,法院作出一审判决:判处黄某三年有期徒刑,陶某两年有期徒刑,罗某有期徒刑两年并处罚金。

81.孤独让他结识坏朋友

案例：

　　小学期间,余某一直是学校里勤学苦练的好学生,父母身边听话的好孩子。后来,他以优异的成绩毕业于本地的子弟学校,望子成龙的母亲为了让他有一个更好的学习环境，便把他送到邻市的一所重点中学就读。因为他的舅舅也在那座城市工作。有舅舅的照顾,他的学习、生活等各方面都较为稳定。但后来，舅舅调到别的地方工作了,留给他的只是两间空荡荡的屋子。这是他第一次远离亲人,他既感到小鸟放飞的自由,又初次尝到了孤独的滋味。当时的他,上课时开始不知不觉地分神,去想在家时与亲人朋友们的欢乐。下课回到家,一个人就觉得特别孤独、难过。余某说,当时,他把整天的空余时间都沉迷于电脑室、电影院和各种娱乐场所。这类地方去多了,自然也就结交了一些朋友,而这些朋友的为人处世都是今朝有酒今朝醉。跟他们在一起的时间长了,在好奇心及好胜心的驱使下,他也跟着他们一起吸烟、喝酒、打架了。他整个人全变了,变得无心上学,觉得学习是件辛苦事,既伤神又枯燥无味。加上同学间的相互攀比,花钱也变得大手大脚了。他的成绩开始直线下降,还成了让学校老师头痛的坏学生。老师多次找他进行开导教育,并将情况反映给家长。父母知道后,也一次次苦口婆心地劝说他,并在各项开支上严格约束他。可当时他满脑子里只有玩,根本不把老师和父母的教育和劝说放在心上,再加上那些朋友三天两头主动请他出去玩,他非但没改,反而在虚荣心的驱使下,千方百计伸手向父母要钱。

一个偶然的机会,他发现那些朋友有吸毒的,可他并不在意,总觉得自己不吸毒也就无所谓了。当时,每天玩乐的开销对他这个没有经济来源的中学生来说是惊人的,虽然他始终没有和他们一起吸毒,却为了有钱玩乐,在他们的花言巧语下,违心地为他们送货,从此踏上犯罪的第一步。后来,那些朋友因吸毒、贩毒被抓了。余某说,他当时还好心地去看望他们,没想到他们竟翻脸不认人,威胁他如果不尽快拿钱给他们,他们就连他一起揭发,一起坐牢。当时他的脑子一片茫然,他没有钱,可坐牢的恐惧又深深笼罩着他。在走投无路的情况下,他想起电影中的一幕,一个可怕的念头产生了:绑架勒索。于是,他学着电影中的黑社会一样,对一名低年级的学生实施绑架。在绑架过程中,由于这名学生下意识的反抗,他在惊慌失措中杀了这名学生。

专家解析：

年仅 15 岁的余某以故意杀人罪判处有期徒刑 14 年，虽然没有判处死刑，但这个案例是一个悲剧，足以让人深思。法律是由国家制定或认可的，对全体社会成员具有普遍的约束力。所有公民，不论职位高低，年龄大小，都必须无条件地遵守法律，无一例外。虽然未成年人受到特殊的保护，但是行为严重者也要负刑事责任。《中华人民共和国预防未成年人犯罪法》第三十七条：未成年人有本法规定严重不良行为，构成违反治安管理行为的，由公安机关依法予以治安处罚。余某这件案例就是如此。法院以故意杀人罪判处余某有期徒刑14 年，当时他正准备参加中考，年仅 15 岁。是什么原因导致他误入歧途，走上违法犯罪的道路？究其原因，一方面是关于社会保护，社会环境对未成年人的成长与发展产生潜移默化的影响，而社会不良环境对青少年的影响日益加剧：娱乐场所给任意的未成年人开放，烟、酒也卖给未成年人，等等。另一方面是家庭的关爱和学校的教育不够，导致青少年过早受外界不良风气影响。家庭是预防青少年犯罪的第一道防线，而余某就因为备受家庭的孤独，过早沉迷于社会上的娱乐场所，学校对余某的教育不够深刻。家庭、学校、社会都存在着不同程度的侵害未成年人的合法权益的现象。

最关键的是，未成年人自我保护的意识和能力不够。未成年人处在人生发展中的幼弱时期，生理、心理尚未成熟，缺乏自我保护能力，是个人权益容易受到侵害的集体。根据《中华人民共和国预防未成年人犯罪法》第四十条:未成年人应当遵守法律、法规及社会公共道德规范,树立自尊、自律、自强意识,增强辨别是非和自我保护的能力,自觉抵制各种不良行为及违法犯罪行为的引诱和侵害。树立自我保护意识,掌握自我保护本领,是健康成长所必需的。未成年人涉世不深,思想不成熟,认识能力、辨别是非的能力、自我控制能力,抵制各种不良影响的能力不强,一般是在受教唆的情况下或因一时冲动走上犯罪道路。余某为了有钱玩乐,在那些所谓的朋友的花言巧语下,违心地为他们送毒品,从此就踏上犯罪的第一步。

82.学校的旗杆倒下砸伤学生

案例:

某小学 12 岁的学生冯某在校园内旗杆下玩耍时,旗杆上端固定的铁栓脱落,致旗杆倒下,将冯某的右手砸伤。经市人民医院诊断右手食指近指节中段缺失,右手中指近指节骨折,法院法医鉴定为七级伤残。法院判令该小学赔偿冯某医疗费、营养费、护理费、残疾补助费等共计 16095.45 元。

专家解析:

校舍和教育教学设施的安全,是保证受教育者、教师及其他人员人身安全的重要前提。国家有关法律对学校有保证校舍和教育教学设施安全的义务作出了明确的规定。《未成年人保护法》第二十二条规定:"学校不得使未成年人在危及人身安全、健康的校舍和其他设施、场所中进行教育教学活动。"教育部对此问题也三令五申,在1989年做出了《关于中小学危房修缮、改建工作的通知》,1992年又与财政部、国家计委做出了关于发布《全面消除和杜绝中小学危房的规定》的通知。2002年6月25日发布的《学生伤害事故处理办法》第四条规定:"学校的举办者应当提供符合安全标准的校舍、场地、其他教育设施和生活设施。"

综上所述,因学校、幼儿园的校舍或其他教育教学设施而发生未成年学生在校的人身安全和健康,学校应积极采取措施,改善办学条件,定期检查、维修校舍和其他教育教学设施,以杜绝人身伤亡事故的发生。在冯某案件中,校方疏于对旗杆检查、维修,对事故的发生,应当承担民事责任。

83.体育课学生练习标枪误伤其他人

案例:

某初级中学二年级某班学生上体育课。体育教师曹某上课时宣布:"为备战秋季运动会,有比赛项目的同学,这节课自由练习,其余同学自由活动。"之后,曹某就回办公室了。其间,学生张某在练习投标枪的过程中,由于动作变形,标枪偏离方向,正好扎在正在练习跳远的学生李某小腿上。后李某被送往医院,因肌腱受到损伤,不得不在医院疗养两个月,共花费医疗费 6321 元。李某的父母在与学校协商未果后,以学校失职为由,向法院起诉,要求该校赔偿医疗费、误工费等 7645 元。

专家解析:

这是一起由于学校未在体育课上说明注意事项又未尽到学生的保护义务而导致学生受伤的案例。本案中,虽然李某受伤是由于学生张某练习标枪时失误所致,但不可推卸的主要原因是教师曹某没有说明注意事项又未尽到保护义务。教师曹某在体育课中,不进行相应的保护和监督,而放任学生自由练习,导致学生伤害事故的发生。曹某的过失是很明显的,并且曹某所实施的是职务行为。由此,学校应对这起学生伤害事故承担主要的法律责任。

84.学生在校游戏受伤致死谁担责

案例:

某市某中学一名 13 岁学生马某,在课间玩"跳山羊"游戏时,头着地摔在水泥地上，顿时昏迷、抽搐。被老师发现后，只是对其做了简单的掐人中穴处理，就不再过问，结果导致马某因颅内大面积出血延误最佳治疗时机，不治身亡。马某父母在与学校协商未果的情况下，以中学失职为由，起诉至某市法院。

专家解析：

从本案来看，老师发现马某昏迷、抽搐后，仅对其做了简单的掐人中穴处理后，就不再过问，没有及时送医院抢救，也没有及时通知其监护人，学校显然没有根据实际情况及时采取相应措施，没有尽到照顾职责。最终延误马某的最佳治疗时间，造成其死亡，因此学校应当依法承担相应的责任。

根据《学生伤害事故处理办法》第十五、十六、十七条规定，发生学生伤害事故，学校应当及时救助受伤害学生，并应当及时告知未成年学生的监护人；有条件的，应当采取紧急救援等方式救助。情形严重的，学校应当及时向主管教育部门及有关部门报告；属于重大伤亡事故的，教育行政部门应当按照有关规定及时向同级人民政府和上一级教育行政部门报告。同时，学校的主管教育行政部门应学校要求或者认为必要，可以指导、协助学校进行事故的处理工作，尽快恢复学校正常的教育教学秩序。依据上述规定学生在校期间生病或受到伤害导致不良后果加重的，学校应依法承担相应的责任。

85.幼儿嬉闹受伤谁来负责

案例：

某日下午 3 时许，某某区某幼儿园放学之际，苏某与王某在幼儿园操场上追逐嬉闹时，苏某倒地受伤。当日，王某母亲陪同受伤的苏某去儿童医学中心治疗，并于当日住院至同月 22 日出院。苏某的家长支付了医疗费约 1.16 万元。经司法鉴定，苏某因外力作用致右肱骨外踝骨折累及骺板，评定为十级伤残。

苏某的家长诉称，事发当天，苏某从幼儿园放学后，在从操场上跑向校门口的过程中，被同学王某推倒在地而受伤，请求法院判令王某家长赔偿其经济损失及精神损害抚慰金共计约 9 万元。

王某的家长辩称，对苏某的家长诉称事发经过不予认可，认为当天王某并没有推倒苏某，故不同意赔偿。

专家解析：

苏某与王某在正常的追逐嬉闹过程中受伤，对于这一伤害后果，作为缺乏自我保护能力及自我控制能力的未成年人，双方都不存在主观上的故意或过失。故法院根据公平责任的归责原则，酌情确认由王某家长承担 50%的赔偿责任。而对于苏某主张的精神损害抚慰金的诉求,因考虑到苏某受伤是在孩童正常嬉闹时所造成,嬉闹双方对伤害后果并不存在法律意义上的过错,故不予支持。据此,某某市某某区人民法院一审判决,确认幼儿苏某的合理损失共计约 7.4 万元,应当由幼儿王某的家长承担 50% 的赔偿责任即 3.7 万余元。

86.拔河比赛造成伤害致残

案例:

某职业高中组织拔河比赛,为了裁判比赛成绩更加准确,在拔河绳中点的红布条上坠一内径 14 毫米,外径 24 毫米的铁螺母,以使红布条下垂。学生高某在参加拔河赛过程中,拔河绳被拔断,铁螺母被甩起,打在高某头部,致其头部受伤,经司法鉴定为八级伤残。

专家解析:

根据《学生伤害事故处理办法》第九条第一款规定,因学校提供给学生使用的学具、教育教学和生活设施、设备不符合国家规定的标准,或者有明显不安全因素造成学生伤害事故的,学校应承担赔偿责任。职业高中对加系铁螺母行为,没有充分预见可能发生的危险,导致在拔河比赛过程中拔河绳断开,铁螺母将高某击伤。对此,职业高中负有过错责任,应当承担赔偿高某伤后的相关损失。同时,职业高中的侵权行为造成高某身体残疾，给高某及其家人精神上造成一定损害，根据最高人民法院《关于确定民事侵权精神损害赔偿责任若干问题的解释》的规定，职业高中还应酌情赔偿高某残疾赔偿金。

87.盗窃父母钱财是否构成犯罪

案例：

16岁的中学生刘某是某中学高二学生。由于家庭条件很好，刘某从小就娇生惯养，在学校不求上进，几乎每天都出入网吧，并染上了赌博的恶习，花钱如流水。时间长了，父母知道他的恶习，便严格控制他的经济来源。由于找父母要钱这条路走不通，又实在渴望出去潇洒一下。一天，他趁父母外出之机，将家里的5000元现金偷走。一个多月后，刘某的父母发现5000元现金被盗，很快就怀疑到他，于是追问儿子有没有拿家里的钱。那时，5000元钱都快被他挥霍光了，刘某害怕家长责备，便一再说自己没有拿，其父亲便向公安机关报了案。公安机关经过缜密的侦查后将犯罪目标锁定在刘某身上。在大量事实面前刘某不得不承认钱是自己偷的，公安机关遂将其刑事拘留，后转为逮捕。父母知道窃贼是自家的儿子后，认为儿子偷拿父母的钱财不犯罪，他们也不想追究责任，要求公安机关释放刘某，但公安机关认为刘某已涉嫌犯罪,因此对于刘某父母的请求未予允许。

专家解析:

盗窃父母或近亲属的财物,在是否构成犯罪和处罚上有其特殊性。法律规定:"偷拿自己家的财物或者近亲属的财物,一般可不按犯罪处理;对确有追究刑事责任必要的,处罚时也应与在社会上作案的有所区别。"刘某偷盗自家钱财达5000元,数额大,在父母追问时又拒不承认,且把偷拿的钱用于赌博和挥霍,结合这些情节看,刘某应当属于"确有追究刑事责任必要的"情形。司法机关以涉嫌盗窃罪将刘某刑事拘留,这是完全符合相关法律规定的。不过,刘某偷盗的财物毕竟是自己家的,其社会危害性明显比在社会上作案要小,加之他属于未成年人,因此法院在宣告其有罪的同时,通常会给予较大幅度的减轻处罚。

88.为吃宵夜抢同学钱财

案例:

在某市某中学读初一的邓某与陆某,商量着去吃夜宵,但又没钱,两人便决定去学生宿舍找同学强行索要。邓某用衬衣蒙住脸,陆某则戴一顶旅游帽，窜入同年级某班宿舍，将门撞开后，向室内的学生索要钱物，并声称谁不给就打死谁，并用扫把猛打床板恐吓学生，两人同时动手搜杨某等4人的口袋。抢得几元钱后，两人到校外去买了一瓶矿泉水，并买了几支烟抽后，复又回去窜到另一个宿舍，采取同样的方式向同学们"要"钱，当时一个同学口袋里只有几元钱，他央求两人给他留一块钱第二天吃早餐，两人丢给这名同学一元钱后扬长而去。当晚，两人共抢得现金31.5元，均被两人用来抽烟喝水和买东西吃。自以为找到了"快速发财"的捷径，仅隔一天两人又再次闯入学生宿舍准备抢劫时，被在宿舍附近蹲守的校保卫人员和民警现场抓获。

专家解析：

邓某与陆某两人以非法占有为目的，采用暴力威胁手段劫取他人财物，其行为均构成抢劫罪，但因两人未满18岁，又系在校生，具备法定的减轻处罚情节，一审分别判处两人有期徒刑一年六个月，并处罚金500元。因为在校中小学生超前消费与经济实力不能满足的矛盾，以大欺小、以强凌弱的抢劫案件在校内外并不鲜见，有的抢劫者甚至不知道自己的行为是在犯罪。这说明帮助他们树立正确的消费观念，防止为超前消费而去犯罪，应当成为对在校学生法制教育的重要内容。这起案件中的两名学生的行为值得我们所有的学生、学校和家长们警醒。

89.敲诈不成致人重伤

案例：

初中生梁某和张某均为 15 周岁。一天,梁某与张某合伙绑架了同班同学赵某。随后,梁某向赵某家打电话,要求赵某的父亲将现金 30000 元放到指定地点,否则后果自负。赵某的父亲从电话声中听出梁某的声音稚嫩,以为是孩子在开玩笑,就没有理会,梁某与张某两个人见赵某的父亲没有行动, 便暴打了赵某一顿用来撒气。赵某趁两人不注意逃走。后经医生鉴定,赵某的脊椎骨被打折,已经构成重伤。

专家解析：

根据我国《刑法》第十七条规定,已满 14 周岁未满 16 周岁的未成年人,只对八种罪承担刑事责任,绑架罪不在此列。梁某和张某的行为已经满足故意伤害罪的构成要件,可以认定为故意伤害罪。对于年满 16 周岁的未成年人, 最高人民检察院出台了相应的司法解释,符合绑架罪的构成要件是,认定为绑架罪。《刑法》第十七条已满十六周岁的人犯罪, 应当负刑事责任。已满十四周岁不满十六周岁的人,犯故意杀人、故意伤害致人重伤或者死亡、强奸、抢劫、贩卖毒品、防火、爆炸、投毒罪的,应当负刑事责任。已满十四周岁不满是八周岁的人犯罪,应当从轻或者减轻处罚。因不满是十六周岁不予刑事处罚的,责令他的家长或者监护人加以管教,在必要时候,也可以由政府收容教养。

我国《刑法》第二十八条规定:共同犯罪是二人以上共同故意犯罪;二人以上共同过失犯罪,不以共同犯罪论处;应当负刑事责任的,按照他们所犯的罪分别处罚。我国《刑法》第二十九条规定:教唆他人犯罪的,应当按照他在共同犯罪中所起的作用处罚;教唆不满 18 周岁的人犯罪的,应当从重处罚;如果被教唆的人没有犯被教唆的罪,对于教唆犯,可以从轻或减轻处罚。

90.教师见死不救致使受伤学生因抢救不及时身亡

案例:

某日下午 4 时许,课间时间,某中学初二学生 16 岁的马某和同一班的李某、张某三人上厕所。当时已被学校开除的宋某从厕所内向外推自行车,撞了马某一下,马某只在口中嘟囔了一句。宋某却不依不饶随即又用自行车猛撞马某,马某差点被撞倒,他甩手打了宋某的头部一下。谁知宋某丢下车随手从腰中陶出一把折叠刀用力扎向马某,马某躲闪不及,被扎中胸部,顿时血流如注,见事宋某不好,拔腿就跑了。突如其来的一幕惊呆了在场的几名同学。李某、张某几名同学赶紧挽着脸色发白的马某向厕所外走,刚走到厕所门口,马某突然瘫倒在地。李某急忙去找校长,其余3名同学将马某抬到操场上。当时操场上正有七八名教师打篮球,张某急忙呼救:"扎死人了。"打球的几名教师停下走过来,可当他们看到满身是血的马某不是本班学生时,竟从现场离开若无其事地继续玩起球来。后马某被送至医院,但终因伤势过重停止呼吸。事发后,市教育局迅速于3月22日晚拿出处理意见:给予学区校长王某降职处分;给予某初中校长唐某,撤职处分,调离原单位;副校长、教导主任等人也都受到处分。

专家解析:

本案是典型的学校救治不力,导致学生伤害加重的伤害事故,学校应当对该案承担一定的赔偿责任,学校是该事故的赔偿责任主体,同时,导致伤害发生的关某及其家长也是赔偿责任主体。总的来说,在这起案件中,学生马某被刺身亡,加害人宋某应当依法追究刑事责任,同时应当承担民事赔偿责任。数名玩篮球的本校教师见死不救,违反了有关法律规定的教师和学校负有的保护学生人身财产安全的义务,致使受伤学生马某因抢救不及时身亡,因此构成了学校责任事故,学校及有关人员也应当承担相应的责任。

91.教师未尽监护职责学生受伤当赔偿

案例：

钱先生孩子目前在某市一所初级中学读书。他的孩子上个月在上体育课的过程中不慎摔成骨折。据孩子事后叙述，上体育课时老师安排跳鞍马，并且简单讲解了动作要领和注意事项，然后老师接到了一个电话中途离开了操场，钱先生孩子跳鞍马的时候老师恰好不在。请问学校要不要承担赔偿责任？

专家解析：

学校教职员工应当遵守法律、法规、规章和工作纪律，不得擅离工作岗位。体育教学对未成年学生具有潜在的危险性，教师不仅不能离开岗位，而应当尽到更大的安全管理义务，故根据《某省中小学生人身伤害事故预防与处理条例》第十六条、第二十一条第(二)款的规定，学校应当承担赔偿责任。

92.私自野浴溺毙相关方面承担连带责任

案例：

15 岁的死者黄某某市一所中学的住校学生。去年 9 月 2 日,黄某转入该中学初三学习,办理了入学注册及在校住宿手续,并作为该校住宿生在学校住宿了一个晚上。9 月 3 日上午,该中学正式上课,黄某上了一上午课,中午放学走出学校到外面吃饭时,碰到 3 位潘姓的亲戚,4 人遂一起在一家饭店吃饭。午饭后,由于天气炎热,4 人商量一同到附近的南晓水库游泳。到了水库后, 虽然水库周围设有许多禁止游泳的警示牌, 但 4 人依然在岸边稍作休息后即下到水库中游泳。

下水后,另外 3 人各自游泳,不会游泳的黄某独自玩水。半小时后,黄某的一名潘姓亲戚发现黄某被水流冲了出去,遂大声呼叫另外两人一起营救,但终因水流太急,又是逆流,三人未能成功营救,黄某被激流冲走,傍晚时分打捞上来时已经死亡。

事后,黄某的父母悲痛万分,将学校和潘某等 3 人起诉到法院,索赔经济损失和精神损失 10 万余元。

庭审中,学校辩称上述结果属于意外事故,学校不应承担责任。

潘某等3人则辩称他们没有主动叫黄某外出游泳，且他们已经尽到抢救义务，因此不应承担任何责任。

专家解析：

黄某溺水死亡事实清楚，本案作为人身损害赔偿之诉，应当按照过错责任原则进行归责。证据显示，被告中学没有对住校生制定相应管理规定，且整个中午直至下午上课时间，被告中学一直没有主动了解过黄某去向，因此，被告中学没有履行对未成年人的教育、管理和保护义务，理应对黄某死亡后果承担一定责任。潘某等3人均为成年人，未经家长及学校同意而私自带未成年学生黄某外出游泳，并让黄某独自一人在水流较急的水中玩水，对黄某溺水身亡事故明显存在过错。鉴于3人过错程度无法区分，法院认定应连带承担赔偿责任。同时，黄某虽为限制民事行为能力人，但其离开学校时没有主动向学校说明，且在不会游泳的情况下仍然下到水库中玩水，因此应适当减轻各被告赔偿责任。

93.被拉进"商界"的小学生

案例：

某市一家在当地颇有影响的商场，与外资公司合营，重新装修，即将开业。为造声势,他们邀请了社会名流、领导来参加开业仪式,还邀请了附近的某小学鼓号队助威。该商场许诺活动时间为5月18日上午9点到11点,前后两个小时即付学校酬金,学校同意。鼓号队20个学生于18日上午8点40分就到商场门口等候。其中打小鼓的10岁的李某这几天在发烧吃药,身体虚弱,早上他妈妈已经代他向老师请假了,可是学校找不到人替,非要李某来不可。这天气温反常,竟有36℃,身穿厚厚的演奏服背着鼓号的小学生们站在太阳下,大汉淋漓,可还得在老师的督促下,一遍一遍地练习着。就这样在烈日暴晒下,李某突然晕倒,经查为高温导致的急性脑颅出血。后经抢救治疗脱离生命危险,并不得不休学一年。

专家解析:

本案属于典型的学校违反有关规定,组织或者安排未成年学生从事不宜未成年人参加的其他活动,而造成学生人身伤害的事故,对此,学校应当承担赔偿责任,也就是说学校是本案事故的赔偿责任主体。本案中,学校组织小学生20余人参加营利活动,并且在36℃的高温下活动,身着厚重演出服的小学生怎么能够忍受如此恶劣的条件?并且,学校是学生受教育的场所,无权利用学生从事商业活动为其营利,对于学校来说,其主观上具有营利目的,为了营利组织学生参加不适宜未成年人参加的商业活动,据民事损害赔偿的原则,应当由侵害人承担赔偿责任,而学校虽未直接侵害学生,而是通过实施了组织对未成年人参加有害的、活动而成为侵害未成年人权益的主体。

故本案应由学校承担赔偿责任。

94.学生损坏公物被罚款不合法规

案例:

某省某校初中学生潘某,学习成绩不佳,守纪情况亦差。一天,潘某在教学楼内玩球,故意将一个价值300元的吊灯打坏。学校在查明事实真相后,依据学校有关"损坏公物要赔偿和罚款"的规章制度,对潘某作出三点处理决定:(1)给予警告处分;(2)照价赔偿吊灯;(3)罚款300元。对此,学校、教师、学生和学生家长都没有感到不妥。该校校长还在全校师生大会上以此事为例,大谈依法治校、从严治校的重要性。

专家解析:

学校对潘某的处理意见并不都是合法的,给予警告处分和要求照价赔偿吊灯是合法的,而对学生罚款则是一种典型的违法行为。因为行政制裁包括行政处分和行政处罚两个方面,学校有对学生予以处分(纪律处分)的权力,但却没有对学生进行行政处罚的权力。罚款是行政处罚的一种,只有国家特定的行政机关才有行政处罚权,学校对学生予以罚款没有任何法律依据。在该案例中,学校对学生予以罚款的依据、依"法"治校的依据是学校所制定的规章制度,而这些规章制度中有些内容本身就是违法的。学校管理者如果把"违法治校"当成是"依法治校",将会造成更大的错误。

95.少年亲吻爷爷后自缢

案例:

某省一12岁少年祠堂边自缢身亡,留下遗书称想念外出打工的父母,自缢前深情吻别陪伴自己的爷爷。某日是某省某镇某小学开学的第一天,也是该校五年级学生杨某爸妈出门打工的第10天。然而,就在这一天,杨某选择了告别这个世界:在人迹罕至的村祠堂后面一间小屋,他在一根横梁上自缢,裤子口袋里留下一封给父母的遗书。

2011年3月1日,某小学校园里非常热闹,同学们都领到了崭新的课本。当天下午3点多钟,12岁男孩儿杨某跟其他同学一起放学回家。不过杨某却显得有点异样,他回家时书包空空的,所有新书都放在教室座位的抽屉中。"爷爷,我可以亲你一下吗?"放学后的杨某回到家里,看见爷爷正围坐在桌前打麻将,就上前对爷爷轻声说道。爷爷听到这句话心里还直乐,可他不知道这竟是自己与孙子见的最后一面。当天晚上,杨某的姑父曾与杨某约好了要孩子到他家里去住。可等了好久没等到杨某,姑父赶紧给他家里打了个电话,得知也不在家里。又大电话向学校询问,被告知学校已经放学了,杨某也不在学校里。大家顿时慌了。家人发动邻居在屋前屋后展开了大搜索,最后在人迹罕至的祠堂后面发现了他。被发现时,他吊在祠堂后一间小屋子伸出来的横梁上,已经没有了气息。这座祠堂傍山而建,后面是很陡的山体。当晚发现尸体的一位邻居说,杨某被发现时吊在绳子上,绳子就系在祠堂后面这间房子伸出来的一根横梁上。祠堂后面这间房子其实是间土砌房,已经很破烂了,伸出来的横梁也朽坏了很多。村民介绍,这座祠堂是祭祀祖宗的场所,平时很少有人到这里来。

杨某的尸体被发现后,人们在他裤子右边的口袋里发现了一封遗书,一位知情人说,遗书写在当天发下来的《社会实践活动材料》封皮的背面。遗书的内容大概是:敬爱的爸爸妈妈你们好,请你们原谅我,我不能再爱你们了。我还欠李某某20元钱,请你们替我还给她。你们每次离开我都很伤心,这也是我自杀的原因。落款日期是正月二十五日。杨某家附近,几个大人默然地给孩子操办后事,而在他们简陋的家中,杨某的妈妈已是泣不成声。爷爷说,这孩子平时很温和,成绩也很好,没想到他竟然会寻短见。老人说,这几年杨某的父母都在外面打工,每年都是过年才回来一趟。第一年杨某跟他住,后来几年都是跟姑姑住。但今年孩子却只愿待在家中,希望妈妈留在家中不要走。"他妈妈走当天,他特别不情愿,还跟妈妈吵了一架,回家偷偷抹眼泪。其实他父母出门也是想让家里生活好点,把这间破旧的房屋整一整啊。"老人说,"现在回想起来,孩子出事是有预兆的,前几年他寒假作业很早就做完了,但这次却一个字不动。还非常不愿妈妈出门,只怪我们没重视啊。"

专家解析:

年仅 12 岁的生命消失了,究其原因,无非是希望父母能陪在自己的身边,能够享受从最亲的人那里得到的爱,"你们(指父母)每次离开我都很伤心,这也是我自杀的原因……""爷爷,我可以亲你一下么?"多么乖巧、懂事的孩子,"我没有想到他是在跟我告别啊,我一辈子也忘不了那一亲。"72 岁的老人事后只能泪如雨下,无限悔恨。我们能责怪这个 12 岁的少年不懂父母的心吗?我们能责怪他七十多岁的爷爷还有其他亲属没有照顾好他吗?我们能责怪学校老师教育留守儿童的方法不当甚至有问题?我们能责怪这位少年儿童的父母为了将破旧的房子整一下而长年奔波在工地上而不顾自己的孩子?"我还欠李某某 20 元钱,请你们替我还给她。"金钱可以还清,但我们欠孩子的是多少金钱也弥补不了的。

96.留守儿童留下的监护空白

案例:

某日某镇发生了一件令人震惊的事:一个 13 岁的女孩儿周某,在无人事先知情的情况下生下了一个孩子,尚未成年的女孩儿竟然当上了母亲！据周某的父亲说,他和妻子4年前就到外地打工,两人一般都是过春节时才回家一趟,周某和弟弟一直在祖父母家照顾。每次过年回家时,都觉得孩子长高了一大截,父女间往往是还没说上几句话,就又要踏上返程的路。一天,沉默多时的周某终于吐出几个字:"坏人是堂伯。"周某说的堂伯周某某,今年47岁,是周某父亲的堂兄。当天,刑侦大队拘留了周某某。据周某某交代,从2003年3月起,他趁周某无人看护,利用给糖果和钱的方式多次诱奸周某。目前,此案已经移交市检察院,等待周某某的将是法律的严惩。由于父母双双务工在外,作为"留守儿童"的这个13岁女孩儿的监护权无人顾及,才最终导致了这个悲剧。

专家解析：

案件发生后,人们除了对周某某表示极大的愤慨,更多地开始反思这样一个问题:周某为什么没有得到应有的呵护?周某的悲剧到底是谁之错?事实上,类似周某这样的留守孩子在农村中小学生中普遍存在。仅周某所在的镇中学2700名学生中,就有1600名学生的父母常年在外务工,长期由老人或亲戚代为照顾。正是由于孩子缺乏父母的直接监护,这些留守孩子即使受到了伤害,也往往不易被及时发现。但是,一个正在上学的女孩儿怀孕临产,中间八九个月漫长的时间,学校和家庭为何没有觉察出任何异常呢?后来经过调查发现,这其中最重要的一个原因就是孩子监护权的缺失:亲戚认为有老师管,老师以为有亲戚看,结果两头都没管! 一些社会学家普遍认为,打工父母将孩子的监护权委托给老人或亲友,在法律上是允许的。但是法律解决不了监护权在现实生活中的落实问题。这需要孩子的父母在委托监护权之前,慎重考虑被委托人是否具备监护能力,如身体、经济、思想品德状况等。如被委托者年纪很大,本身的行为能力都受局限,那么这种委托是毫无意义的,甚至是有害的。作为被委托者,也应该审视自己能力,如果不具备监护能力,应该婉拒。外出务工的青壮年为拉动家乡的经济发展做出了很多贡献,农村的基层组织应该更加关心"留守儿童"的健康成长。

97.抢劫未遂已触犯了法律

案例:

一日傍晚,未成年人范某和同乡同龄的李某与赵某去城郊玩耍。饥饿难忍的范某叫赵某和李某去讨钱来吃饭,结果一分钱也没讨到,大家愁眉苦脸。此时,百般无奈的范某产生了抢劫出租车的念头。他告诉李某和赵某具体想法,然后三人研究了抢劫方案。当晚9点左右,范某等三人来到党校门前招出租车。李某说:"驾驶员个头儿大的不坐,最好选个头儿小的驾驶员。"连续招了三辆车,都因驾驶员个头儿大没敢坐,招到第四辆车的驾驶员个头儿小,讲好车费40元。

然后按分工三人坐上了车。车开到新车站时，驾驶员问："你们带身份证没有？桥头要检查。"李某回答："没有！"驾驶员说："马上到武装检查站了，怎么办？"狡猾的李某说："你把车开到大桥那边等我们，我们下车走过去，然后上车再走。"驾驶员也同意，径直将其开到大桥武装检查站。范某等三人被武装警察拦住，依法对他们进行询问，范某三人的答话牛头不对马嘴，漏洞百出，神色慌张，警方提高警惕，当即从范某、李某身上搜出刀子两把。范某等三人被带到了刑警大队，如实交代了预谋准备抢劫的经过。范某、李某、赵某被刑事拘留，随后被逮捕。

专家解析：

《刑法》第二十二条规定："为了犯罪，准备工具、制造条件的，是犯罪预备。"什么是犯罪预备？是指行为人为了犯罪，事先准备工具或造成条件的行为。主要有三个特征：第一，犯罪分子已经进行了犯罪的准备活动，即为了犯罪，准备工具或制造条件。所谓准备犯罪工具，是指准备实施犯罪所需要的一切物品。例如，准备杀人或抢劫的刀子、盗窃的钳子等。从本案来看，范某等三人准备了抢劫的刀子等作案工具。为犯罪制造条件，是指准备犯罪工具以外的其他各种准备工作。例如，制定犯罪计划，准备犯罪的手段，打探受害对象的情况等等。从本案来看，范某等三人制定了抢劫的方案，并进行分工，选择了抢劫对象。第二，犯罪预备是行为人在实施犯罪之前的准备行为。一般来说，一个完整的故意犯罪行为又分为犯罪未遂或中止状态中，也可以存在犯罪既遂之中。但该条所说的犯罪预备行为只限于犯罪预备阶段,并在准备过程中停止下来,犯罪行为并没实际实施,从本案来看,范某等三人的抢劫行为在准备过程中停止下来。第三,犯罪行为的停止是行为人意志以外的原因造成的。例如,犯罪意图已经被发觉而被迫停止;行为人被公安机关拦获而被迫停止等。从本案来看,范某等三人因在抢劫途中被公安民警拦获而抢劫行为未能实施。犯罪预备是故意犯罪的未完成形态,即犯罪的预备形态。从犯罪构成来看,犯罪预备分为主观上有明确的犯罪故意,其犯罪预备行为对《刑法》保护的客体造成潜在的危险。但是,犯罪预备并未实施犯罪行为,对犯罪客体并未造成实际损失。《刑法》第二十三条第二款规定:"对于未遂犯,可以比照既遂犯从轻或者减轻处罚。"范某、李某、赵某以非法占有为目的,准备采取暴力手段抢劫公民财物,其行为已构成抢劫罪。但是范某等三人为抢劫犯罪准备工具、制造条件,但未实施抢劫行为,是犯罪预备。加之三人未满 18 岁,且认罪态度较好,对其予以减轻处罚。分别判处范某、李某、赵某有期徒刑 1 年,缓刑 1 年半,并处罚金 1000 元。

98.未成年人犯罪未遂

案例:

未成年人王某因偷拿别人的东西,被他的叔叔打骂,遂产生杀死叔叔的念头。

某日中午,王某趁叔叔家中无人之机,从后门进入叔叔的家中,将农药"稻瘟灵"倒入水缸、茶杯里,欲毒死其叔。当晚其叔在家煮面条时发现有异味,随后发现水缸、茶杯里都有农药味。立即向派出所报警,并及时到村卫生站就诊治疗。

专家解析:

我国《刑法》第二十三条规定:已经着手实行犯罪,由于犯罪分子意志以外的原因而未得逞的,是犯罪未遂。构成犯罪未遂必须具备以下条件:(1)犯罪分子已着手实行犯罪;(2)犯罪未得逞;(3)犯罪未得逞是由于犯罪分子意志以外的原因。《刑法》规定,对于未遂犯,可以比照既遂犯从轻或者减轻处罚。王某为泄愤报复而将农药"稻瘟灵"倒入其叔使用的水缸、茶杯里,欲置其叔于死地,其行为已构成故意杀人罪,因王某作案时未满18周岁,依法应当从轻或者减轻处罚;因其叔及时发现异常而使王某的犯罪未能得逞,是犯罪未遂,可以比照既遂犯从轻或者减轻处罚,王某犯罪后确有悔罪表现,可酌情从轻处罚,法院依法判处王某有期徒刑2年。

99.家庭疏于管教致使未成年人犯罪

案例:

小强自幼父亲坐监、母亲离婚,自小由公婆带大,公婆年老根本无法照顾和教育好孩子。小强 13 岁的时候父亲才出狱,3 年后再娶后妈。小强的父母根本没有管教,甚至根本不理小强,任由小强在外游手好闲,出入网吧,交结社会人士。从来没有人教育他、关爱他,他的想法及行为,从来没有人告诉他,是对还是错、能做还是不能做。刚满 16 周岁的小强与人在网上聊 Q 发生口角,双方通过电话吵架,小强的朋友陈某听了很生气,相互要约打架未果,密谋报复。小强通过另一 QQ,谎称要向对方购买首饰和物品,约到某地交易,对方信以为真。交易时被小强和陈某追砍致轻伤。

专家解析:

根据我国《预防未成年人犯罪法》的规定:政府有关部门、司法机关、人民团体、有关社会团体、学校、家庭、城市居民委员会、农村村民委员会等各方面共同参与,各负其责,做好预防未成年人犯罪工作,但非常遗憾均没有做到。在本案中,小强的家庭和社会有不可推卸的责任。依据《最高人民法院关于审理未成年人刑事案件具体应用法律若干问题的解释》第十一条的规定,在量刑时充分考虑未成年人实施犯罪行为的动机和目的、犯罪时的年龄、是否初次犯罪、犯罪后的悔罪表现、个人成长经历和一贯表现等因素。对小强从宽处罚。本案中小强系初犯和积极赔偿被害人经济损失,并已深刻悔罪,对小强适用缓刑确实不致再危害社会的,根据该解释第十六条的规定建议对小强适从宽处罚,判处小强有期徒刑七个月,陈某有期徒刑一年。

附录一：

学生伤害事故处理办法

第一章 总则

第一条 为积极预防、妥善处理在校学生伤害事故,保护学生、学校的合法权益,根据《中华人民共和国教育法》、《中华人民共和国未成年人保护法》和其他相关法律、行政法规及有关规定,制定本办法。

第二条 在学校实施的教育教学活动或者学校组织的校外活动中,以及在学校负有管理责任的校舍、场地、其他教育教学设施、生活设施内发生的,造成在校学生人身损害后果的事故的处理,适用本办法。

第三条 学生伤害事故应当遵循依法、客观公正、合理适当的原则,及时、妥善地处理。

第四条 学校的举办者应当提供符合安全标准的校舍、场地、其他教育教学设施和生活设施。教育行政部门应当加强学校安全工作,指导学校落实预防学生伤害事故的措施,指导、协助学校妥善处理学生伤害事故,维护学校正常的教育教学秩序。

第五条 学校应当对在校学生进行必要的安全教育和自护自救教育;应当按照规定,建立健全安全制度,采取相应的管理措施,预防和消除教育教学环境中存在的安全隐患;当发生伤害事故时,应当及时采取措施救助受伤害学生。学校对学生进行安全教育、管理和保护,应当针对学生年龄、认知能力和法律行为能力的不同,采用相应的内容和预防措施。

第六条 学生应当遵守学校的规章制度和纪律;在不同的受教育阶段,应当根据自身的年龄、认知能力和法律行为能力,避免和消除相应的危险。

第七条 未成年学生的父母或者其他监护人（以下称为监护人）应当依法履行监护职责,配合学校对学生进行安全教育、管理和保护工作。学校对未成年学生不承担监护职责,但法律有规定的或者学校依法接受委托承担相应监护职责的情形除外。

第二章 事故与责任

第八条 学生伤害事故的责任,应当根据相关当事人的行为与损害后果之间的因果关系依法确定。因学校、学生或者其他相关当事人的过错造成的学生伤害事故,相关当事人应当根据其行为过错程度的比例及其与损害后果之间的因果关系承担相应的责任。当事人的行为是损害后果发生的主要原因,应当承担主要责任;当事人的行为是损害后果发生的非主要原因,承担相应的责任。

第九条 因下列情形之一造成的学生伤害事故,学校应当依法承担相应的责任:(一)学校的校舍、场地、其他公共设施,以及学校提供给学生使用的学具、教育教学和生活设施、设备不符合国家规定的标准,或者有明显不安全因素的;(二)学校的安全保卫、消防、设施设备管理等安全管理制度有明显疏漏,或者管理混乱,存在重大安全隐患,而未及时采取措施的;(三)学校向学生提供的药品、食品、饮用水等不符合国家或者行业的有关标准、要求的;(四)学校组织学生参加教育教学活动或者校外活动,未对学生进行相应的安全教育,并未在可预见的范围内采取必要的安全措施的;(五)学校知道教师或者其他工作人员患有不适宜担任教育教学工作的疾病,但未采取必要措施的;(六)学校违反有关规定,组织或者安排未成年学生从事不宜未成年人参加的劳动、体育运动或者其他活动的;(七)学生有特异体质或者特定疾病,不宜参加某种教育教学活动,学校知道或者应当知道,但未予以必要的注意的;(八)学生在校期间突发疾病或者受到伤害,学校发现,但未根据实际情况及时采取相应措施,导致不良后果加重的;(九)学校教师或者其他工作人员体罚或者变相体罚学生,或者在履行职责过程中违反工作要求、操作规程、职业道德或者其他有关规定的;(十)学校教师或者其他工作人员在负有组织、管理未成年学生的职责期间,发现学生行为具有危险性,但未进行必要的管理、告诫或者制止的;(十一)对未成年学生擅自离校等与学生人身安全直接相关的信息,学校发现或者知道,但未及时告知未成年学生的监护人，导致未成年学生因脱离监护人的保护而发生伤害的；(十二)学校有未依法履行职责的其他情形的。

第十条 学生或者未成年学生监护人由于过错，有下列情形之一，造成学生伤害事故，应当依法承担相应的责任：(一)学生违反法律法规的规定，违反社会公共行为准则、学校的规章制度或者纪律，实施按其年龄和认知能力应当知道具有危险或者可能危及他人的行为的；(二)学生行为具有危险性，学校、教师已经告诫、纠正，但学生不听劝阻、拒不改正的；(三)学生或者其监护人知道学生有特异体质，或者患有特定疾病，但未告知学校的；(四)未成年学生的身体状况、行为、情绪等有异常情况，监护人知道或者已被学校告知，但未履行相应监护职责的；(五)学生或者未成年学生监护人有其他过错的。

第十一条 学校安排学生参加活动，因提供场地、设备、交通工具、食品及其他消费与服务的经营者，或者学校以外的活动组织者的过错造成的学生伤害事故，有过错的当事人应当依法承担相应的责任。

第十二条 因下列情形之一造成的学生伤害事故，学校已履行了相应职责，行为并无不当的，无法律责任：(一)地震、雷击、台风、洪水等不可抗的自然因素造成的；(二)来自学校外部的突发性、偶发性侵害造成的；(三)学生有特异体质、特定疾病或者异常心理状态，学校不知道或者难于知道的；(四)学生自杀、自伤的；(五)在对抗性或者具有风险性的体育竞赛活动中发生意外伤害的；(六)其他意外因素造成的。

第十三条 下列情形下发生的造成学生人身损害后果的事故,学校行为并无不当的,不承担事故责任;事故责任应当按有关法律法规或者其他有关规定认定:(一)在学生自行上学、放学、返校、离校途中发生的;(二)在学生自行外出或者擅自离校期间发生的;(三)在放学后、节假日或者假期等学校工作时间以外,学生自行滞留学校或者自行到校发生的;(四)其他在学校管理职责范围外发生的。

第十四条 因学校教师或者其他工作人员与其职务无关的个人行为,或者因学生、教师及其他个人故意实施的违法犯罪行为,造成学生人身损害的,由致害人依法承担相应的责任。

第三章 事故处理程序

第十五条 发生学生伤害事故,学校应当及时救助受伤害学生,并应当及时告知未成年学生的监护人;有条件的,应当采取紧急救援等方式救助。

第十六条 发生学生伤害事故,情形严重的,学校应当及时向主管教育行政部门及有关部门报告;属于重大伤亡事故的,教育行政部门应当按照有关规定及时向同级人民政府和上一级教育行政部门报告。

第十七条 学校的主管教育行政部门应学校要求或者认为必要,可以指导、协助学校进行事故的处理工作,尽快恢复学校正常的教育教学秩序。

  第十八条 发生学生伤害事故,学校与受伤害学生或者学生家长可以通过协商方式解决;双方自愿,可以书面请求主管教育行政部门进行调解。成年学生或者未成年学生的监护人也可以依法直接提起诉讼。

  第十九条 教育行政部门收到调解申请,认为必要的,可以指定专门人员进行调解,并应当在受理申请之日起 60 日内完成调解。

  第二十条 经教育行政部门调解,双方就事故处理达成一致意见的,应当在调解人员的见证下签订调解协议,结束调解;在调解期限内,双方不能达成一致意见,或者调解过程中一方提起诉讼,人民法院已经受理的,应当终止调解。调解结束或者终止,教育行政部门应当书面通知当事人。

  第二十一条 对经调解达成的协议,一方当事人不履行或者反悔的,双方可以依法提起诉讼。

  第二十二条 事故处理结束,学校应当将事故处理结果书面报告主管的教育行政部门;重大伤亡事故的处理结果,学校主管的教育行政部门应当向同级人民政府和上一级教育行政部门报告。

第四章 事故损害的赔偿

  第二十三条 对发生学生伤害事故负有责任的组织或者个人,应当按照法律法规的有关规定,承担相应的损害赔偿责任。

第二十四条 学生伤害事故赔偿的范围与标准,按照有关行政法规、地方性法规或者最高人民法院司法解释中的有关规定确定。教育行政部门进行调解时,认为学校有责任的,可以依照有关法律法规及国家有关规定,提出相应的调解方案。

第二十五条 对受伤害学生的伤残程度存在争议的,可以委托当地具有相应鉴定资格的医院或者有关机构,依据国家规定的人体伤残标准进行鉴定。

第二十六条 学校对学生伤害事故负有责任的,根据责任大小,适当予以经济赔偿,但不承担解决户口、住房、就业等与救助受伤害学生、赔偿相应经济损失无直接关系的其他事项。学校无责任的,如果有条件,可以根据实际情况,本着自愿和可能的原则,对受伤害学生给予适当的帮助。

第二十七条 因学校教师或者其他工作人员在履行职务中的故意或者重大过失造成的学生伤害事故,学校予以赔偿后,可以向有关责任人员追偿。

第二十八条 未成年学生对学生伤害事故负有责任的,由其监护人依法承担相应的赔偿责任。学生的行为侵害学校教师及其他工作人员以及其他组织、个人的合法权益,造成损失的,成年学生或者未成年学生的监护人应当依法予以赔偿。

第二十九条 根据双方达成的协议、经调解形成的协议或者人民法院的生效判决,应当由学校负担的赔偿金,学校应当负责筹措;学校无力完全筹措的,由学校的主管部门或者举办者协助筹措。

第三十条　县级以上人民政府教育行政部门或者学校举办者有条件的,可以通过设立学生伤害赔偿准备金等多种形式,依法筹措伤害赔偿金。

第三十一条　学校有条件的,应当依据保险法的有关规定,参加学校责任保险。教育行政部门可以根据实际情况,鼓励中小学参加学校责任保险。提倡学生自愿参加意外伤害保险。在尊重学生意愿的前提下,学校可以为学生参加意外伤害保险创造便利条件,但不得从中收取任何费用。

第五章　事故责任者的处理

第三十二条　发生学生伤害事故,学校负有责任且情节严重的,教育行政部门应当根据有关规定,对学校的直接负责的主管人员和其他直接责任人员,分别给予相应的行政处分;有关责任人的行为触犯刑律的,应当移送司法机关依法追究刑事责任。

第三十三条　学校管理混乱,存在重大安全隐患的,主管的教育行政部门或者其他有关部门应当责令其限期整顿;对情节严重或者拒不改正的,应当依据法律法规的有关规定,给予相应的行政处罚。

第三十四条　教育行政部门未履行相应职责,对学生伤害事故的发生负有责任的,由有关部门对直接负责的主管人员和其他直接责任人员分别给予相应的行政处分;有关责任人的行为触犯刑律的,应当移送司法机关依法追究刑事责任。

第三十五条 违反学校纪律,对造成学生伤害事故负有责任的学生,学校可以给予相应的处分;触犯刑律的,由司法机关依法追究刑事责任。

第三十六条 受伤害学生的监护人、亲属或者其他有关人员,在事故处理过程中无理取闹,扰乱学校正常教育教学秩序,或者侵犯学校、学校教师或者其他工作人员的合法权益的,学校应当报告公安机关依法处理;造成损失的,可以依法要求赔偿。

第六章 附 则

第三十七条 本办法所称学校,是指国家或者社会力量举办的全日制的中小学(含特殊教育学校)、各类中等职业学校、高等学校。本办法所称学生是指在上述学校中全日制就读的受教育者。

第三十八条 幼儿园发生的幼儿伤害事故,应当根据幼儿为完全无行为能力人的特点,参照本办法处理。

第三十九条 其他教育机构发生的学生伤害事故,参照本办法处理。在学校注册的其他受教育者在学校管理范围内发生的伤害事故,参照本办法处理。

第四十条 本办法自 2002 年 9 月 1 日起实施,原国家教委、教育部颁布的与学生人身安全事故处理有关的规定,与本办法不符的,以本办法为准。在本办法实施之前已处理完毕的学生伤害事故不再重新处理。

附录二：

中华人民共和国未成年人保护法

（1991 年 9 月 4 日第七届全国人民代表大会常务委员会第二十一次会议通过 2006 年 12 月 29 日第十届全国人民代表大会常务委员会第二十五次会议修订）

第一章 总则

第一条 为了保护未成年人的身心健康,保障未成年人的合法权益,促进未成年人在品德、智力、体质等方面全面发展,培养有理想、有道德、有文化、有纪律的社会主义建设者和接班人,根据宪法,制定本法。

第二条 本法所称未成年人是指未满十八周岁的公民。

第三条 未成年人享有生存权、发展权、受保护权、参与权等权利,国家根据未成年人身心发展特点给予特殊、优先保护,保障未成年人的合法权益不受侵犯。未成年人享有受教育权,国家、社会、学校和家庭尊重和保障未成年人的受教育权。未成年人不分性别、民族、种族、家庭财产状况、宗教信仰等,依法平等地享有权利。

第四条 国家、社会、学校和家庭对未成年人进行理想教育、道德教育、文化教育、纪律和法制教育,进行爱国主义、集体主义和社会主义的教育,提倡爱祖国、爱人民、爱劳动、爱科学、爱社会主义的公德,反对资本主义的、封建主义的和其他的腐朽思想的侵蚀。

第五条 保护未成年人的工作,应当遵循下列原则:(一)尊重未成年人的人格尊严;(二)适应未成年人身心发展的规律和特点;(三)教育与保护相结合。

第六条 保护未成年人,是国家机关、武装力量、政党、社会团体、企业事业组织、城乡基层群众性自治组织、未成年人的监护人和其他成年公民的共同责任。对侵犯未成年人合法权益的行为,任何组织和个人都有权予以劝阻、制止或者向有关部门提出检举或者控告。国家、社会、学校和家庭应当教育和帮助未成年人维护自己的合法权益,增强自我保护的意识和能力,增强社会责任感。

第七条 中央和地方各级国家机关应当在各自的职责范围内做好未成年人保护工作。国务院和地方各级人民政府领导有关部门做好未成年人保护工作;将未成年人保护工作纳入国民经济和社会发展规划以及年度计划,相关经费纳入本级政府预算。国务院和省、自治区、直辖市人民政府采取组织措施,协调有关部门做好未成年人保护工作。具体机构由国务院和省、自治区、直辖市人民政府规定。

第八条 共产主义青年团、妇女联合会、工会、青年联合会、学生联合会、少年先锋队以及其他有关社会团体,协助各级人民政府做好未成年人保护工作,维护未成年人的合法权益。

第九条 各级人民政府和有关部门对保护未成年人有显著成绩的组织和个人,给予表彰和奖励。

第二章 家庭保护

第十条 父母或者其他监护人应当创造良好、和睦的家庭环境,依法履行对未成年人的监护职责和抚养义务。禁止对未成年人实施家庭暴力,禁止虐待、遗弃未成年人,禁止溺婴和其他残害婴儿的行为,不得歧视女性未成年人或者有残疾的未成年人。

第十一条 父母或者其他监护人应当关注未成年人的生理、心理状况和行为习惯,以健康的思想、良好的品行和适当的方法教育和影响未成年人,引导未成年人进行有益身心健康的活动,预防和制止未成年人吸烟、酗酒、流浪、沉迷网络以及赌博、吸毒、卖淫等行为。

第十二条 父母或者其他监护人应当学习家庭教育知识,正确履行监护职责,抚养教育未成年人。有关国家机关和社会组织应当为未成年人的父母或者其他监护人提供家庭教育指导。

第十三条 父母或者其他监护人应当尊重未成年人受教育的权利,必须使适龄未成年人依法入学接受并完成义务教育,不得使接受义务教育的未成年人辍学。

第十四条 父母或者其他监护人应当根据未成年人的年龄和智力发展状况,在作出与未成年人权益有关的决定时告知其本人,并听取他们的意见。

第十五条 父母或者其他监护人不得允许或者迫使未成年人结婚,不得为未成年人订立婚约。

第十六条 父母因外出务工或者其他原因不能履行对未成年人监护职责的,应当委托有监护能力的其他成年人代为监护。第三章学校保护

第十七条 学校应当全面贯彻国家的教育方针,实施素质教育,提高教育质量,注重培养未成年学生独立思考能力、创新能力和实践能力,促进未成年学生全面发展。

第十八条 学校应当尊重未成年学生受教育的权利,关心、爱护学生,对品行有缺点、学习有困难的学生,应当耐心教育、帮助,不得歧视,不得违反法律和国家规定开除未成年学生。

第十九条 学校应当根据未成年学生身心发展的特点,对他们进行社会生活指导、心理健康辅导和青春期教育。

第二十条 学校应当与未成年学生的父母或者其他监护人互相配合,保证未成年学生的睡眠、娱乐和体育锻炼时间,不得加重其学习负担。

第二十一条 学校、幼儿园、托儿所的教职员工应当尊重未成年人的人格尊严,不得对未成年人实施体罚、变相体罚或者其他侮辱人格尊严的行为。

第二十二条 学校、幼儿园、托儿所应当建立安全制度,加强对未成年人的安全教育,采取措施保障未成年人的人身安全。学校、幼儿

园、托儿所不得在危及未成年人人身安全、健康的校舍和其他设施、场所中进行教育教学活动。学校、幼儿园安排未成年人参加集会、文化娱乐、社会实践等集体活动,应当有利于未成年人的健康成长,防止发生人身安全事故。

第二十三条 教育行政等部门和学校、幼儿园、托儿所应当根据需要,制定应对各种灾害、传染性疾病、食物中毒、意外伤害等突发事件的预案,配备相应设施并进行必要的演练,增强未成年人的自我保护意识和能力。

第二十四条 学校对未成年学生在校内或者本校组织的校外活动中发生人身伤害事故的,应当及时救护,妥善处理,并及时向有关主管部门报告。

第二十五条 对于在学校接受教育的有严重不良行为的未成年学生,学校和父母或者其他监护人应当互相配合加以管教;无力管教或者管教无效的,可以按照有关规定将其送专门学校继续接受教育。依法设置专门学校的地方人民政府应当保障专门学校的办学条件,教育行政部门应当加强对专门学校的管理和指导,有关部门应当给予协助和配合。专门学校应当对在校就读的未成年学生进行思想教育、文化教育、纪律和法制教育、劳动技术教育和职业教育。专门学校的教职员工应当关心、爱护、尊重学生,不得歧视、厌弃。

第二十六条 幼儿园应当做好保育、教育工作,促进幼儿在体质、智力、品德等方面和谐发展。

第四章 社会保护

第二十七条 全社会应当树立尊重、保护、教育未成年人的良好风尚,关心、爱护未成年人。国家鼓励社会团体、企业事业组织以及其他组织和个人,开展多种形式的有利于未成年人健康成长的社会活动。

第二十八条 各级人民政府应当保障未成年人受教育的权利,并采取措施保障家庭经济困难的、残疾的和流动人口中的未成年人等接受义务教育。

第二十九条 各级人民政府应当建立和改善适合未成年人文化生活需要的活动场所和设施,鼓励社会力量兴办适合未成年人的活动场所,并加强管理。

第三十条 爱国主义教育基地、图书馆、青少年宫、儿童活动中心应当对未成年人免费开放;博物馆、纪念馆、科技馆、展览馆、美术馆、文化馆以及影剧院、体育场馆、动物园、公园等场所,应当按照有关规定对未成年人免费或者优惠开放。

第三十一条 县级以上人民政府及其教育行政部门应当采取措施,鼓励和支持中小学校在节假日期间将文化体育设施对未成年人免费或者优惠开放。社区中的公益性互联网上网服务设施,应当对未成年人免费或者优惠开放,为未成年人提供安全、健康的上网服务。

第三十二条 国家鼓励新闻、出版、信息产业、广播、电影、电视、文艺等单位和作家、艺术家、科学家以及其他公民,创作或者提供有利于未成年人健康成长的作品。出版、制作和传播专门以未成年人为对象的内容健康的图书、报刊、音像制品、电子出版物以及网络信息等,国家给予扶持。国家鼓励科研机构和科技团体对未成年人开展科学知识普及活动。

第三十三条 国家采取措施,预防未成年人沉迷网络。国家鼓励研究开发有利于未成年人健康成长的网络产品,推广用于阻止未成年人沉迷网络的新技术。

第三十四条 禁止任何组织、个人制作或者向未成年人出售、出租或者以其他方式传播淫秽、暴力、凶杀、恐怖、赌博等毒害未成年人的图书、报刊、音像制品、电子出版物以及网络信息等。

第三十五条 生产、销售用于未成年人的食品、药品、玩具、用具和游乐设施等,应当符合国家标准或者行业标准,不得有害于未成年人的安全和健康;需要标明注意事项的,应当在显著位置标明。

第三十六条 中小学校园周边不得设置营业性歌舞娱乐场所、互联网上网服务营业场所等不适宜未成年人活动的场所。营业性歌舞娱乐场所、互联网上网服务营业场所等不适宜未成年人活动的场所,不得允许未成年人进入,经营者应当在显著位置设置未成年人禁入标志;对难以判明是否已成年的,应当要求其出示身份证件。

第三十七条 禁止向未成年人出售烟酒,经营者应当在显著位置设置不向未成年人出售烟酒的标志;对难以判明是否已成年的,应当要求其出示身份证件。任何人不得在中小学校、幼儿园、托儿所的教室、寝室、活动室和其他未成年人集中活动的场所吸烟、饮酒。

第三十八条 任何组织或者个人不得招用未满十六周岁的未成年人,国家另有规定的除外。任何组织或者个人按照国家有关规定招用已满十六周岁未满十八周岁的未成年人的,应当执行国家在工种、劳动时间、劳动强度和保护措施等方面的规定,不得安排其从事过重、有毒、有害等危害未成年人身心健康的劳动或者危险作业。

第三十九条 任何组织或者个人不得披露未成年人的个人隐私。对未成年人的信件、日记、电子邮件,任何组织或者个人不得隐匿、毁弃;除因追查犯罪的需要,由公安机关或者人民检察院依法进行检查,或者对无行为能力的未成年人的信件、日记、电子邮件由其父母或者其他监护人代为开拆、查阅外,任何组织或者个人不得开拆、查阅。

第四十条 学校、幼儿园、托儿所和公共场所发生突发事件时,应当优先救护未成年人。

第四十一条 禁止拐卖、绑架、虐待未成年人,禁止对未成年人实施性侵害。禁止胁迫、诱骗、利用未成年人乞讨或者组织未成年人进行有害其身心健康的表演等活动。

第四十二条 公安机关应当采取有力措施,依法维护校园周边的治安和交通秩序,预防和制止侵害未成年人合法权益的违法犯罪行为。任何组织或者个人不得扰乱教学秩序,不得侵占、破坏学校、幼儿园、托儿所的场地、房屋和设施。

第四十三条 县级以上人民政府及其民政部门应当根据需要设立救助场所,对流浪乞讨等生活无着未成年人实施救助,承担临时监护责任;公安部门或者其他有关部门应当护送流浪乞讨或者离家出走的未成年人到救助场所,由救助场所予以救助和妥善照顾,并及时通知其父母或者其他监护人领回。对孤儿、无法查明其父母或者其他监护人的以及其他生活无着的未成年人,由民政部门设立的儿童福利机构收留抚养。未成年人救助机构、儿童福利机构及其工作人员应当依法履行职责,不得虐待、歧视未成年人;不得在办理收留抚养工作中牟取利益。

第四十四条 卫生部门和学校应当对未成年人进行卫生保健和营养指导,提供必要的卫生保健条件,做好疾病预防工作。卫生部门应当做好对儿童的预防接种工作,国家免疫规划项目的预防接种实行免费;积极防治儿童常见病、多发病,加强对传染病防治工作的监督管理,加强对幼儿园、托儿所卫生保健的业务指导和监督检查。

第四十五条 地方各级人民政府应当积极发展托幼事业,办好托儿所、幼儿园,支持社会组织和个人依法兴办哺乳室、托儿所、幼儿园。各级人民政府和有关部门应当采取多种形式,培养和训练幼儿园、托儿所的保教人员,提高其职业道德素质和业务能力。

第四十六条 国家依法保护未成年人的智力成果和荣誉权不受侵犯。

第四十七条 未成年人已经完成规定年限的义务教育不再升学的,政府有关部门和社会团体、企业事业组织应当根据实际情况,对他们进行职业教育,为他们创造劳动就业条件。第四十八条居民委员会、村民委员会应当协助有关部门教育和挽救违法犯罪的未成年人,预防和制止侵害未成年人合法权益的违法犯罪行为。

第四十九条 未成年人的合法权益受到侵害的,被侵害人及其监护人或者其他组织和个人有权向有关部门投诉,有关部门应当依法及时处理。

第五章 司法保护

第五十条 公安机关、人民检察院、人民法院以及司法行政部门,应当依法履行职责,在司法活动中保护未成年人的合法权益。

第五十一条 未成年人的合法权益受到侵害,依法向人民法院提起诉讼的,人民法院应当依法及时审理,并适应未成年人生理、心理特点和健康成长的需要,保障未成年人的合法权益。在司法活动中对需要法律援助或者司法救助的未成年人,法律援助机构或者人民法院应当给予帮助,依法为其提供法律援助或者司法救助。

第五十二条 人民法院审理继承案件,应当依法保护未成年人的继承权和受遗赠权。人民法院审理离婚案件,涉及未成年子女抚养问题的,应当听取有表达意愿能力的未成年子女的意见,根据保障子女权益的原则和双方具体情况依法处理。

第五十三条 父母或者其他监护人不履行监护职责或者侵害被监护的未成年人的合法权益,经教育不改的,人民法院可以根据有关人员或者有关单位的申请,撤销其监护人的资格,依法另行指定监护人。被撤销监护资格的父母应当依法继续负担抚养费用。

第五十四条 对违法犯罪的未成年人,实行教育、感化、挽救的方针,坚持教育为主、惩罚为辅的原则。对违法犯罪的未成年人,应当依法从轻、减轻或者免除处罚。

第五十五条 公安机关、人民检察院、人民法院办理未成年人犯罪案件和涉及未成年人权益保护案件,应当照顾未成年人身心发展特点,尊重他们的人格尊严,保障他们的合法权益,并根据需要设立专门机构或者指定专人办理。

第五十六条 公安机关、人民检察院讯问未成年犯罪嫌疑人,询问未成年证人、被害人,应当通知监护人到场。公安机关、人民检察院、人民法院办理未成年人遭受性侵害的刑事案件,应当保护被害人的名誉。

第五十七条 对羁押、服刑的未成年人,应当与成年人分别关押。羁押、服刑的未成年人没有完成义务教育的,应当对其进行义务教育。解除羁押、服刑期满的未成年人的复学、升学、就业不受歧视。

第五十八条 对未成年人犯罪案件,新闻报道、影视节目、公开出版物、网络等不得披露该未成年人的姓名、住所、照片、图像以及可能推断出该未成年人的资料。

第五十九条 对未成年人严重不良行为的矫治与犯罪行为的预防,依照预防未成年人犯罪法的规定执行。

第六章 法律责任

第六十条 违反本法规定,侵害未成年人的合法权益,其他法律、法规已规定行政处罚的,从其规定;造成人身财产损失或者其他损害的,依法承担民事责任;构成犯罪的,依法追究刑事责任。

第六十一条 国家机关及其工作人员不依法履行保护未成年人合法权益的责任,或者侵害未成年人合法权益,或者对提出申诉、控告、检举的人进行打击报复的,由其所在单位或者上级机关责令改正,对直接负责的主管人员和其他直接责任人员依法给予行政处分。

第六十二条 父母或者其他监护人不依法履行监护职责,或者侵害未成年人合法权益的,由其所在单位或者居民委员会、村民委员会予以劝诫、制止;构成违反治安管理行为的,由公安机关依法给予行政处罚。

第六十三条 学校、幼儿园、托儿所侵害未成年人合法权益的,由教育行政部门或者其他有关部门责令改正;情节严重的,对直接负责的主管人员和其他直接责任人员依法给予处分。学校、幼儿园、托儿所教职员工对未成年人实施体罚、变相体罚或者其他侮辱人格行为的,由其所在单位或者上级机关责令改正;情节严重的,依法给予处分。

第六十四条 制作或者向未成年人出售、出租或者以其他方式传播淫秽、暴力、凶杀、恐怖、赌博等图书、报刊、音像制品、电子出版物以及网络信息等的,由主管部门责令改正,依法给予行政处罚。

第六十五条 生产、销售用于未成年人的食品、药品、玩具、用具和游乐设施不符合国家标准或者行业标准,或者没有在显著位置标明注意事项的,由主管部门责令改正,依法给予行政处罚。

第六十六条 在中小学校园周边设置营业性歌舞娱乐场所、互联网上网服务营业场所等不适宜未成年人活动的场所的,由主管部门予以关闭,依法给予行政处罚。营业性歌舞娱乐场所、互联网上网服务营业场所等不适宜未成年人活动的场所允许未成年人进入,或者没有在显著位置设置未成年人禁入标志的,由主管部门责令改正,依法给予行政处罚。

第六十七条 向未成年人出售烟酒,或者没有在显著位置设置不向未成年人出售烟酒标志的,由主管部门责令改正,依法给予行政处罚。

第六十八条 非法招用未满十六周岁的未成年人,或者招用已满十六周岁的未成年人从事过重、有毒、有害等危害未成年人身心健康的劳动或者危险作业的,由劳动保障部门责令改正,处以罚款;情节严重的,由工商行政管理部门吊销营业执照。

第六十九条 侵犯未成年人隐私,构成违反治安管理行为的,由公安机关依法给予行政处罚。

第七十条 未成年人救助机构、儿童福利机构及其工作人员不依法履行对未成年人的救助保护职责,或者虐待、歧视未成年人,或者在办理收留抚养工作中牟取利益的,由主管部门责令改正,依法给予行政处分。

第七十一条 胁迫、诱骗、利用未成年人乞讨或者组织未成年人进行有害其身心健康的表演等活动的,由公安机关依法给予行政处罚。

第七章 附则

第七十二条 本法自 2007 年 6 月 1 日起施行。